한 권으로 끝내는
전자책 만들기
그리고
종이책 만들기

와일드북
와일드북은 한국평생교육원의 출판 브랜드입니다.

한 권으로 끝내는
전자책 만들기
그리고
종이책 만들기

초판 1쇄 인쇄 · 2022년 10월 20일
초판 1쇄 발행 · 2022년 10월 25일

지은이 · 황병욱 · 유광선
발행인 · 유광선
발행처 · 한국평생교육원
편 집 · 장운갑
디자인 · 박형빈

주 소 · (대전) 대전광역시 유성구 도안대로589번길 13 2층
           (서울) 서울시 서초구 반포대로 14길 30(센츄리 1차오피스텔 1107호)
전 화 · (대전) 042-533-9333 / (서울) 02-597-2228
팩 스 · (대전) 0505-403-3331 / (서울) 02-597-2229

등록번호 · 제2018-000010호
이메일 · klec2228@gmail.com

ISBN 979-11-92412-23-8 (13190)
책값은 책표지 뒤에 있습니다.

잘못되거나 파본된 책은 구입하신 서점에서 교환해 드립니다.

이 책은 한국평생교육원이 저작권자와의 계약에 따라 발행한 것이므로 저작권법에 따라 무단 전재와 복제를 금합니다. 이 책 내용의 전부 또는 일부를 이용하려면 반드시 저작권자와 한국평생교육원의 서면동의를 얻어야 합니다.

한 권으로 끝내는
전자책 만들기
그리고
종이책 만들기

황병욱(빈디노) · 유광선(WILDS) 지음

와일드북

차례

| part 1 | 전자책 만들기 |

1장   왜 전자책인가　　　　　　　　　　　13
　　1. 전자책을 써야 하는 이유　　　　　　14
　　2. 전자책을 쓸 수 있는 이유　　　　　　20
　　3. 팔리는 전자책의 종류　　　　　　　　24
　　4. 전자책 시장 살펴보기　　　　　　　　30

2장   전자책은 당신도 쓸 수 있다　　　　34
　　1. 누구나 할 수 있는 나만의 주제 찾기　36
　　2. 내 주제의 시장성 알아보기　　　　　49
　　3. 잠재고객 설정하기　　　　　　　　　57
　　4. 잠재고객에게 필요한 목차 구성하기　62

5. 하루 만에 적용하는 필살 글쓰기　　　　　　68

3장 멋진 포장지를 씌워보자　　　　　　76
　　1. 사고 싶은 제목 만들기　　　　　　78
　　2. 눈에 띄는 썸네일 만들기　　　　　　89
　　3. 전문가다운 전자책 표지와 3D 목업 이미지 만들기　　100
　　4. 워터마크 삽입과 PDF 파일로 변환하기　　　107

4장 내 전자책을 상품으로 만들자　　　　　　111
　　1. 판매를 결정하는 상세페이지 글쓰기　　　　113

5장 팔리는 전자책을 원하는 사람들에게　　　　131
　　1. 단 한 권의 전자책으로 대박 만들기　　　　131
　　2. 내 전자책의 차별점 만들기　　　　　　135
　　3. 전자책의 최종 필살 꿀팁　　　　　　137
　　Part 1. 마무리　　　　　　140

part 2 　 종이책 만들기

1장 왜 책을 써야 하는가　　　　　　　　　145
　　1. 새로운 직업으로서의 출판　　　　　　147
　　2. 출판이 가져오는 수많은 기회　　　　　149
　　3. 특별한 사람들의 책 쓰기　　　　　　　152
　　1장 정리　　　　　　　　　　　　　　　153

2장 책을 출판하는 방법　　　　　　　　　154
　　1. 자비출판　　　　　　　　　　　　　　156
　　2. 온라인 출판 플랫폼　　　　　　　　　158
　　3. 독립출판　　　　　　　　　　　　　　159
　　4. 기획출판　　　　　　　　　　　　　　160
　　2장 정리　　　　　　　　　　　　　　　162

3장 습관이 결과를 만든다　　　　　　　　163
　　1. 습관 버리기　　　　　　　　　　　　　165
　　2. 습관 들이기　　　　　　　　　　　　　167

3장 정리   172

4장 주제 정하기   175
     1. 책의 장르는 무엇인가   177
     2. 나를 돌아보기   179
     3. 내가 쓸 수 있는 책   184
     4장 정리   191

5장 내 책의 콘셉트 정하기   193
     1. 나의 경쟁 도서 확인하기   195
     2. 내 책이 팔리는 틈새 찾기(시장조사)   198
     3. 나만의 콘셉트 완성하기   201
     5장 정리   205

6장 목차 만들기   207
     1. 키워드 떠올리기   209
     2. 목차의 순서와 구성   211
     3. 목차의 이름 정하기   212

6장 정리	214

7장 출간 계획 세우기   215
    1. 출간 계획을 해야 하는 이유   217
    2. 나를 알아야 계획을 세운다   219
    3. 출간 계획서 만들기   221
    7장 정리   228

8장 두렵지만 피할 수 없는 글쓰기   230
    1. 글쓰기에 대한 오해   232
    2. 첫 문장이 제일 어렵다   234
    3. 잘 읽히는 글이 좋은 글   239
    4. 양과 질을 모두 만족시키려면   245
    5. 프롤로그와 에필로그   253
    6. 베끼지 말고 훔치자   258
    8장 정리   263

9장 투고하기   264
    1. 출판사를 알아보자   266
    2. 투고 성공의 필수―출간기획서 만들기   270

3. 투고 메일 보내기 277
  9장 정리 281

10장 출판 계약 284
  10장 정리 307

11장 내 책의 홍보는 내가 한다 308
  11장 정리 328

마치며 329

part 1
전자책 만들기

안녕하세요. 먼저 이 책을 구매해주신 여러분께 진심으로 감사의 말씀을 전하고 싶습니다. 감사합니다.

Part 1은 자신만의 전자책을 꿈꾸시는 초보자분들을 위해 만들어졌습니다. 즉 Part 1의 목적은 자신만의 노하우로 전자책을 만들어 자동화 수익을 생성하는 것과 본격적으로 종이책을 쓰기 전 책 쓰기 근육을 키우는 것입니다.

전자책과 종이책이 만들어지는 과정은 기본적으로 매우 유사합니다. 그러나 제작의 난이도는 전자책이 훨씬 낮은 편입니다. 따라서 종이책에 도전하기 전 전자책을 통해 책이 만들어지는 과정을 직접 체험해보시기를 추천해 드립니다. 전자책을 만들며 실행한 부분들이 본격적으로 종이책에 도전할 때 큰 자양분이 되어줄 것입니다.

게다가 전자책이 실제로 판매까지 이어졌다고 상상해보세요. 여러분은 책 쓰기 실력의 향상과 더불어 새로운 수익 창출 수단을 하나 더 만들게 되는 것입니다.

그러나 이 책을 구매하신 후 실질적인 만족을 얻기 위해서는 이

책에서 다룬 내용을 모두 '실행'하셔야 합니다. 이 책은 인문학이나 철학처럼 여러분께 깨달음을 드리기 위한 책이 아닙니다.

이 책에 담긴 내용을 모두 직접 실행하시고 여러분만의 튼튼한 무기를 만드셔야 합니다. 이 책을 한 번 읽었다고 해서 여러분의 눈앞에 전자책이 생기는 것이 절대 아닙니다. 컴퓨터 앞에 앉아서 여러분의 머릿속에 있는 지식을 쏟아내야 합니다.

여러분의 손으로 첫 전자책을 만들고 판매를 경험하는 순간에 비로소 이 책을 구매한 만족감이 느껴지실 것입니다.

이 책의 마지막 페이지를 다 읽은 순간부터 달라져야 합니다. 여러분의 하루에는 반드시 전자책을 쓰기 위한 시간을 확보해야 합니다. 여러분의 전자책은 비로소 그때부터 만들어지기 시작할 것입니다.

부디 한 달 후에는 여러분의 전자책이 세상에 나와서 많은 사람의 문제를 해결해줄 수 있기를 바랍니다.

본문에서는 내용 전달의 편의를 위해 평어체를 사용했습니다.

전자책과 종이책이 만들어지는 과정은 기본적으로 매우 유사합니다.
그러나 제작의 난이도는 전자책이 훨씬 낮은 편입니다. 따라서 종이책에
도전하기 전 전자책을 통해 책이 만들어지는 과정을 직접 체험해보시기를
추천해 드립니다. 전자책을 만들며 실행한 부분들이 본격적으로
종이책에 도전할 때 큰 자양분이 되어줄 것입니다.

1장
왜 전자책인가

몇 년 전부터 다양한 지식 판매 사업이나 비즈니스 모델에 관한 관심이 뜨겁다. 하지만 그중에서 왜, 굳이 전자책을 써야 할까? 이 물음에 대한 답을 주기 위해 이 단락을 준비했다.

물론 이 책을 구매한 당신은 이미 전자책에 대한 확신이나 의지가 있는 상태일 수 있다. 그러나 전자책을 작성하기 전 다시 한번 이 단락을 통해 우리의 머릿속을 정리할 필요가 있다.

전자책을 본격적으로 작성하기 전 이 단락을 꼭 읽어보기를 바란다. 전자책에 대한 전반적인 이해와 더불어 당신이 쓸 전자책의 방향성을 위해 꼭 필요한 단락일 것이다.

1. 전자책을 써야 하는 이유

1) 가장 쉬운 지식 판매 도구

최근 들어 지식 판매 혹은 지식창업에 대한 인지도와 관심이 상당히 올라갔다. 과거에는 단순히 사기꾼으로만 치부되던 사람들이 당당히 자신들만의 노하우를 통해 수익을 창출하고 사업을 확장해 나가기 시작한 것이다.

그 때문에 과거에는 그들을 단순히 사기꾼이라 치부하고 거들떠보지 않던 사람들조차 지식창업에 대해 인지를 하기 시작했고 앞으로 더욱 확장될 지식사업 분야에 관한 관심을 높이고 있다.

그렇다면 우리는 그들처럼 우리만의 지식을 판매하기 위해 무엇을 해야 할까?

그 첫 번째 방법이 바로 전자책이다.

지식 판매의 종류는 매우 다양하다. 온라인이나 대면을 통해 1대1 혹은 1대 다수로 진행하는 코칭 서비스, 자신이 가진 모든 노하우를 그대로 전수하면서 고객의 문제를 직접 해결하는 1대 1 컨설팅, 온라인 영상 강의를 통해 수강생들에게 지식을 전달하는 강의 서비스 등 지식을 전달하는 방법과 정도의 차이를 통해 다양한 방법으로 지식 판매가 이루어지고 있다.

다만 위에서 설명한 방법들은 모두 판매자에 대한 신뢰나 권위가 있어야만 가능한 지식 판매 분야다. 기본적으로 판매 가격이 저렴하지 않기 때문에 판매자가 가진 사회적 증거나 유명세, 브랜딩을 통해서 판매가 일어나게 되어있다.

그러나 전자책은 그렇지 않다.

전자책은 가장 간편하게 구매할 수 있으며 가격대도 다양하고 본인이 필요한 정보만을 담은 전자책을 골라 언제 어디서든 본인이 원하는 때에 정보를 얻을 수 있다.

따라서 우리는 거대한 공룡과 맞서 싸우기 전 우리만의 시장을 만들어 지식 판매를 시작해야 한다. 처음부터 공룡이 되는 방법은 세상 어디에도 없다. 당신만의 시장을 만들어서 서서히 공룡이 되어가면 된다.

전자책은 소비자들에게 당신의 권위를 내세우기보다 그들이 가진 문제를 해결해 줄 수 있는 정보가 있다는 것을 어필하면 된다. 스테이크를 원하는 소비자에게 10만 원짜리 코스요리 사이에서 당신만의 2만 원짜리 스테이크만 팔면 되는 것이다.

전자책을 만드는 것은 다른 어떤 지식 판매 수단보다 쉽다. 지금 당신이 읽고 있는 이 책도 마찬가지다. 나는 지금 집에서 책상에 앉아 노트북을 켜고 쓰고 있다. 특별한 무엇인가가 필요하지도 않다. 게다가 전자책은 더 쉽게 만들어서 쉽게 판매할 수 있다.

당신이 가진 지식과 경험, 전자책을 꼭 완성하겠다는 의지, 그리고 노트북이나 PC만 있으면 충분하다.

2) 판매의 자동화가 가능하다.

전자책을 판매하는 방법에는 크게 두 가지 방법이 있다. 이미 인지도가 높은 지식 판매 플랫폼(예 : 크몽, 탈잉, 클래스101 등)을 이용하는 방법과 자신만의 블로그 혹은 SNS를 이용한 개인 판매다.

플랫폼을 이용하는 방법은 100% 자동화가 가능하다. 고객이 내 전자책을 구매하면 사이트를 통해 자동으로 전자책을 발송한다.(최근 클래스101은 구독 서비스로 변환 중이다.) 즉 전자책 판매자는 전자책을 등록한 이후 별도의 고객 문의가 오지 않는 이상 손가락 하나 움직일 필요가 없는 것이다.

내가 잠을 자고, 휴가를 가고, 친구들을 만나 여가를 보내는 동안에도 전자책은 자동으로 우리에게 돈을 벌어다 준다. 전자책을 통해 내가 일을 하지 않아도 소득이 생기는 패시브 인컴을 만들 수 있는 것이다.

단, 플랫폼을 이용해서 판매할 경우 전자책 판매금액의 약 20%가 수수료로 플랫폼에 지불된다. 예를 들어 당신의 전자책이 1만 원에 판매된다면 당신에게는 약 8천 원 상당의 금액이 지급되는 것이다.

블로그나 SNS 등을 통해서 개인이 직접 전자책을 판매하는 방법은 완전한 자동화는 아니지만, 입금 내역을 확인한 후 내 전자책 파일만 전송해주는 수준이기 때문에 전자책이 판매되는 과정까지는 자동화가 된다고 말할 수 있다.

전자책을 개인적으로 판매할 경우의 장점은 명확하다. 플랫폼에 수수료를 지불할 필요가 없다는 점과 플랫폼에서 내 전자책과 비슷한 주제의 다른 전자책과 가격경쟁을 할 필요가 없다는 점이다.

하지만 개인적으로 판매를 할 경우 인지도나 홍보 면에서 고전을 할 수 있기 때문에 인지도나 사회적 증거를 쌓기 전까지는 플랫폼을 이용하여 판매할 것을 추천한다.

3) 퍼스널 브랜딩

전자책을 통해 여러분만의 노하우나 지식을 판매함으로써 추후 해당 분야의 전문가로서 포지셔닝이 가능하다.

만약 당신의 주제가 앞으로도 지속적으로 당신이 관심을 가지고 당신과 연관성을 가질 예정이라면 전자책을 시작으로 해당 분야의 전문가로서 포지셔닝을 하는 것이 중요하다.

전자책을 통해 해당 분야의 전문가로서 포지셔닝을 하면서 해당 분야에서 강연이나 코칭 서비스, 컨설팅 등 다양한 비즈니스로 확대가 가능하기 때문이다.

전자책을 쓴다는 것을 단지 전자책 한 권만 만들어보고 끝낼 생각보다는 이 전자책을 통해 추후에 발전시킬 수 있는 당신만의 비즈니스들을 떠올려보자. 전자책은 당신만의 비즈니스를 탄생시킬 씨앗이 될 수 있다.

최근 수많은 분야의 전문가들은 모두 자신만의 전자책을 가지고 있다. 그들은 단지 판매용 전자책뿐 아니라 자신의 서비스를 홍보하고 자신의 전문성을 알리기 위한 목적으로 전자책을 만든다.

언젠가 당신도 그들처럼 한 분야의 전문가로서 포지셔닝한다면 마찬가지로 당신의 능력과 전문성을 알리기 위한 전자책을 만들 수 있어야 한다.

결국 우리는 모두 전자책을 만들 수 있어야 하는 것이다. 이번 기회를 통해서 당신만의 전자책을 만들어보고 당신만의 새로운 무기를 하나 더 만들기를 바란다.

4) 무자본 사업

흔히 말하는 사업이라는 것에는 사업자금. 즉 자본이 필요하다. 자본이 있어야 사업에 필요한 여러 자재, 비품, 재료, 유통의 과정을 소화할 수 있기 때문이다. 그러나 전자책을 통한 지식 판매는 단 1원도 필요하지 않다. 단지 전자책을 쓸 수 있는 노트북이나 PC 한 대면 충분하다.

전자책에는 오로지 내가 경험한 노하우와 지식만 들어가면 된다. 게다가 플랫폼을 이용할 때도 내가 먼저 플랫폼에 지불하는 돈은 1원도 없다. 플랫폼을 통해 판매한다고 해도 내 전자책이 판매되기 전까지는 수수료도 지불할 필요가 없는 것이다.

따라서 전자책 판매는 실패할 수가 없는 분야다. 당신의 전자책이 팔리지 않았다면 왜 팔리지 않았는지를 분석해서 다시 만들어서 도전하면 된다. 어차피 우리는 단 1원도 손해를 보지 않았고 한 번 전자책을 만들어보았던 경험을 얻었기 때문이다.

당신이 만드는 첫 번째 전자책을 절대로 당신 인생의 마지막 전자책이라고 생각하지 말자. 우리에게는 수많은 기회가 널려 있고 그 기회를 잡는 데에는 단 1원도 필요하지 않다.

2. 전자책을 쓸 수 있는 이유

이 책을 읽으면서 계속 스스로에 대해 의심을 할 수도 있다. 전자책을 쓴 사람들이 특별한 사람들이라거나 혹은 당신의 지식과 경험이 너무 보잘것없는 것 아닌가 하는 그런 생각 말이다.

하지만 걱정할 필요는 전혀 없다.

전자책을 만들어 판매를 했는데 단 한 권도 안 팔렸다면 당신에게 어떤 손해가 일어나는가? 전자책 한 권을 몇 개월 동안 작성한다고 해서 당신에게 금전적인 빚이 생기는가?

전자책은 당신에게 아무런 손해도 가져오지 않는다. 만약 당신의 전자책이 돈을 받기에 민망하다고 느껴진다면 블로그를 통해서 무료로 배포하라.

사람들은 당신을 그 주제의 전문가로 인식할 것이다. 그리고 사람들의 피드백을 모아 수정해서 판매하면 된다.

안 되는 핑계는 끝이 없다. 이제부터는 할 수 있는 방법만 생각하자.

1) 나만의 지식

누구에게나 '지식'과 '경험'이 존재한다. 분야는 다르겠지만 모두가 학업이나 일을 위해 필요한 지식을 쌓았으며 마찬가지의 이유로 각자 경험을 쌓았다.

지식과 자신만의 경험이 합쳐지면 '나만의 지식', 즉 '노하우'가 된다.

세상에 어떤 누구도 단 하나의 노하우도 없는 사람은 없다. 흔히 전자책에 도전하기를 꺼리는 사람들이 가장 먼저 하는 말은 "잘하는 게 없어서" 혹은 "나는 전문가가 아니라서"이다.

착각이다.

전자책은 논문을 쓰거나 혹은 감동을 주는 문학 작품을 쓰는 게 아니다. 누군가가 가진 문제를 해결해주기만 하면 된다. 물론 그 문제의 경중에 따라 전자책의 가치는 달라질 수 있다. 하지만 누군가의 문제를 해결해줄 수 있다는 것 하나만으로 전자책의 존재 이유는 충분하다.

당신의 전자책으로 인류를 구원한다거나 대한민국의 미래를 바꿀 생각은 아니지 않은가? 전자책은 당신의 주제와 관련한 문제를 겪고 있을 그 누군가를 위해서 쓰면 된다.

만약 당신이 가진 노하우 중에서 이 세상에 존재하는 누군가의 문제를 해결해줄 수 있다면 그 노하우는 그 순간 아이템이 된다. 그리고 그런 노하우들이 다양하다면 그만큼 전자책을 만들 수 있는 소재는 다양해지는 것이다.

우리는 태어나서부터 지금까지 각자의 환경과 조건에 맞춰

열심히 살아왔다. 작지만 뿌듯한 성취감도 있으며 남들에게 말은 하지 않았지만 치열한 노력 끝에 얻어낸 값진 경험도 있다.

자신을 과소평가하지 말자.

2) 누구나 문제를 가지고 있다

지금 이 순간에도 세상을 살아가는 많은 사람은 저마다의 문제를 가지고 있다. 당신도 마찬가지일 것이다.

새로 만난 여자친구 혹은 남자친구와의 관계로 스트레스를 받을 수 있고 새로 입사한 회사에서 업무적 혹은 관계적인 문제를 가질 수 있으며 어렵게 모아 온 돈을 잘 관리하지 못해 오히려 손해를 보고 있을 수도 있다.

이처럼 사람들은 수많은 문제를 가지고 살아간다. 우리는 이런 문제를 해결해주면 된다. 당신의 과거를 돌아보자. 어떤 문제를 가지고 있었는가? 그 문제를 어떻게 해결했는가?

만약 지금 우리나라 어딘가에 과거 당신이 겪었던 문제를 겪는 사람이 있다면 그 사람에게 당신은 구세주나 다름없을 수 있다. 전자책은 그런 역할을 하면 된다.

굳이 당신이 월 천만 원 버는 법을 알려줄 필요도, 가맹점 50개의 프랜차이즈 성공 비법을 알려줄 필요는 없다. 지금 어딘가에 있을 그 한 명을 위한 전자책을 쓰면 된다.

3) 누구나 판매할 수 있다

전자책을 만드는 데는 특별한 자격이나 권위가 필요 없다.

흔히 '책'이라는 단어는 무언가 권위를 느끼게 한다. 하지만 이는 어디까지나 종이책으로 일컬어지는 책에 해당한다. 우리가 쓰게 될 '전자책'은 앞에서 언급한 책들과는 목적이 다르다. 사람들이 가진 문제를 해결하는 데에 도움을 주고 그 가치를 인정받으면 된다.

굳이 자격을 따지자면 책을 쓰는 사람이 아니라 그 전자책에 있다. 문제를 해결해주지 못하고 도움을 주지 못하면 그 전자책이 자격이 없는 것이다. 그러니 당신의 자격을 고민하기 전에 당신이 가진 노하우가 자격이 있는지를 판단해라.

예를 들어 가족 여행의 코스를 당신이 설계해야 한다고 치자. 당신은 도저히 시간이 없고 여행지 정보를 정리할 여력도 없는 상태에 누군가 당신에게 4인 가족 2박 3일 여행 코스를 총정리한 문서를 판매한다고 한다면 어떨까? 충분히 구매를 고려해 볼 만 하지 않은가?

이처럼 전자책은 거창하게 접근할 필요가 없다. 전자책을 만드는 사람에게 아무도 자격을 부여하지 않는다.

다만 이미 전자책을 만든 사람들은 전자책 저자로서 스스로에게 자격을 부여했다. 그러니 오늘 당신도 자신에게 전자책 저자라는 자격을 부여하자.

당신은 오늘부터 전자책 저자다.

3. 팔리는 전자책의 종류

세상에는 다양한 전자책이 존재한다.

출판 도서를 스마트폰이나 태블릿 등의 기기를 통해 읽을 수 있도록 제작된 E-BOOK, 각종 홍보나 안내용 PDF 문서, 개인 간 혹은 플랫폼을 통해 거래되는 PDF 전자책 등 과거에 비해 웹이나 모바일 환경에서 사용되는 전자책 형태의 문서들이 많아졌다.

이 중 우리는 개인 간 '거래'되는 PDF 전자책을 만들어야 한다.

그렇다면 거래가 되기 위한 전자책의 조건은 무엇일까? 간단하다. 앞의 단락에서 누누이 언급한 문제 해결이다.

이 단락에서는 실제 시장에서 어떤 전자책들이 판매되고 있는지, 그래서 우리는 어떤 방향을 잡고 전자책을 만들어야 하는지 알아보려 한다.

이 단락을 통해 당신이 생각하던 주제는 어떤 범주에 속할지 생각해보고 앞으로 어떤 주제의 전자책을 만들 수 있을지도 떠올려보자.

1) 돈 / 경제적 문제 해결

팔리는 전자책의 종류 첫 번째는 돈이나 경제적 문제 해결을 돕는 전자책이다. 그야말로 돈 버는 법에 대한 광풍이 몰아치면서 대세가 된 주제들이다.

세부 주제들은 대표적으로 스마트 스토어, 수익형 블로그, 구매대행, 중고 거래, SNS 마켓 등이 있으며 초보부터 고수들까지 다양한 잠재고객들을 위한 전자책이 거래되고 있다.

게다가 전자책 시장이 존재한다는 것을 아는 사람들은 대부분 온라인을 통한 수익화에 관심이 있는 사람들이기 때문에 판매량 또한 높다.

또 다른 분야는 재테크 분야다. 앞서 설명한 돈 버는 법과 달리 가지고 있는 돈을 이용한 주식이나 부동산 투자 가이드, 가계부 작성법, 앱테크 등 재테크 분야의 다양한 방법들을 다루고 있다.

주제가 돈이나 경제적 문제 해결이기 때문에 어떤 세부 주제가 되었든 그 주제를 통해 구매자들에게 금전적 이득을 줘야 한다.

정보의 질이나 실효성 여부에 따라 해당 주제의 전자책 가격은 수십만 원에서 수백만 원을 호가하기도 한다.

2) 건강 / 미용 문제 해결

팔리는 전자책 두 번째는 건강이나 미용과 관련한 전자책이다. 대표적으로 식단이나 건강관리를 들 수 있는데 식단이라고 해서 다이어트를 위한 식단만을 떠올릴 필요는 없다.

각종 건강 질환을 겪은 이후에 필요한 식단, 자취생이 건강도 챙기면서 간편하게 먹을 수 있는 식단, 어린이 식단 등 상황이나 대상에 따라 그 종류는 무궁무진하게 뻗어나간다.

건강관리 분야 또한 마찬가지다. 다이어트나 운동법으로 대표 되는 분야이지만 대학생들을 위한 피부관리, 직장인을 위한 10분 운동법, 면역관리, 반려동물 건강관리 등 아주 다양한 세부 주제가 나타난다.

게다가 요즘은 1인 가구가 증가함에 따라 개인이 혼자서 해결해야 할 일이나 관리가 증가했다.

최근에는 팬데믹으로부터 시작한 개인화된 일상이 자리를 잡았다. 또한 1인 가구가 점차 늘어감에 따라 그룹이나 단체에 속해서 활동하기보다 개인적인 활동이 증가했다. 따라서 개인에 대한 투자가 늘고 혼자서 할 수 있는 것들에 대한 수요가 증가하는 추세이기 때문에 지속적으로 수요가 발생할 수 있는 분야다.

3) 진로 / 자기계발 문제 해결

세 번째 종류는 진로와 자기계발 분야이다. 이 분야에서는 주로 업무와 관련한 주제와 자기계발을 위한 주제로 구분할 수 있다.

업무 관련 주제들은 주로 면접 노하우, 엑셀이나 파워포인트 등 프로그램 운용 능력, 프레젠테이션 능력, 외국어나 자격증 취득 노하우 등 업무나 개인 능력을 위한 주제들이다.

위 주제들은 잠재고객의 수준에 따라서 세부적으로 또 주제가 나뉠 수 있으며 각 주제에 대해 단계별로 해결책을 제시하는 방식으로 전자책이 구성된다.

자기계발 관련 주제들은 명상이나 마인드셋, 플래너 관리, 글쓰기, 독서, 시간 관리, 미라클 모닝 등 개인의 성장을 위한 주제들이 주를 이룬다.

이 분야 역시 자신에게 투자하는 경향과 맞물려 지속적인 성장 가능성이 큰 분야이다. 젊은 세대일수록 자신의 역량을 키우기 위해 자신에게 투자하는 경향이 강하게 나타나고 시니어 세대 역시 디지털 시대에 맞춰 자기계발에 대한 관심이 높아졌다.

4) 관계 / 처세 문제 해결

네 번째 종류는 관계나 처세에 대한 문제 해결을 돕는 전자책이다.

우리는 세상을 완전히 혼자서 살아갈 수 없다. 항상 우리 주변에는 다른 사람들이 존재하고 그들과 잘 어울려 살아가야 한다. 하지만 이런 부분에서 문제를 겪는 사람들이 있다. 바로 그런 사람들을 위한 전자책 종류이다.

인간관계는 크게 공적인 인간관계와 사적인 인간관계로 나눌 수 있는데 공적인 인간관계는 대표적으로 직장 내에서 일어나는 인간관계나 고객 응대 등에서 빚어지는 관계 등을 예로 들 수 있다.

사적인 인간관계 부분은 가족이나 친구를 비롯한 대인관계 문제나 연인과의 연애 문제 등을 예로 들 수 있다.

이 주제들은 사람들의 다양한 상황, 성격을 고려해야 하기에 사례나 예시 등을 통해서 잠재고객이 실질적으로 적용할 수 있는 범위를 제시하는 것이 좋다.

5) 시간 / 노력 절감

팔리는 전자책의 마지막 종류는 시간과 노력을 절감시켜주는 전자책이다. 이 전자책의 부류는 특정한 분야에 대한 문제 해결이라기보다 비용을 들인 구매자의 시간과 노력을 아껴주는 부류라고 생각하면 된다.

예를 들자면 특정 지역의 맛집과 여행 코스 정리, 업무용 PPT 템플릿, 엑셀 템플릿 등 누군가에게 필요할 정보 혹은 효율적인 업무를 도와줄 수 있는 정보들이다.

쉽게 생각해서 대학교 생활의 경험이 있다면 공공연하게 과제 리포트를 이리저리 구하던 모습을 떠올리면 된다.

이렇게 팔리는 전자책의 종류에 대해 알아보았다. 만약 당신이 눈치가 빠르다면 어느 정도 눈치를 챘을 것이다. 위에서 언급한 종류들은 모두 우리가 살아가는 데 꼭 필요한 것들이다. 우리의 삶에 밀접할수록 사람들에게는 큰 문제로 다가오고 그 문제를 해결하고 싶어한다.

만약 당신이 가진 노하우가 위에 해당된다면 조금만 힘을 내자. 이제 당신의 노하우를 통해 돈을 벌어야 할 때다.

4. 전자책 시장 살펴보기

1) 플랫폼 둘러보기

크몽 : 국내 최대 전자책 거래 플랫폼

크몽은 현재 우리나라에서 가장 많은 전자책 거래가 이뤄지고 있는 곳이다. 하지만 전자책만을 전문적으로 거래하는 플랫폼은 아니며 프리랜서들의 재능거래, 개인 레슨 등이 거래되는 플랫폼이다.
크몽은 우리나라에서 가장 많은 전자책이 등록된 플랫폼인 만큼 플랫폼 내에서 상대적으로 경쟁이 있지만 그만큼 많은 사람들이 찾는다는 장점이 있다.

탈잉 : 국내 2위 전자책 판매 플랫폼

탈잉은 크몽에 이어 현재까지 국내 2위의 전자책 판매 플랫폼이다. 누적 회원 수는 150만 명이며 전자책 외에 VOD 강의와 라이브 클래스를 제공하는 플랫폼이다.

크몽에 비해서 전자책 판매등록 기준이 다소 까다로운 편이다.

클래스101 : 국내 온라인 교육 클래스 점유율 1위 플랫폼

클래스101은 누적 회원 수 330만 명으로 국내 최대 점유율을 가진 온라인 지식 판매 플랫폼이다. 온라인 코스 강의를 비롯해 다양한 지식 판매가 이루어지며 온라인에서 유명한 강사들을 앞세워 공격적인 마케팅을 통해 현재까지도 가장 영향력 있는 온라인 교육 플랫폼이다.

주목할 점은 최근 이 클래스101에서 전자책 판매자들을 중점적으로 모집하고 있다는 점이다. 클래스101은 크몽과 탈잉에 비해 상대적으로 전자책 분야에는 비중을 크게 두지 않았다. 하지만 최근 전자책 판매자 모집 광고를 대대적으로 시작하는 등 전자책 시장에 대한 본격적인 진출을 선언했다. 따라서 전자책 판매자들에게는 진출할 수 있는 플랫폼이 하나 더 늘어난 셈이다. 온라인 교육 점유율 1위의 플랫폼이기 때문에 전자책 판매자로서 주목해볼 만하다.

게다가 최근 구독형 서비스로의 전환을 발표했기 때문에 새로운 구매자들이 생겨날 가능성이 높은 플랫폼이다.

2) 블로그 / SNS

플랫폼을 이용하지 않고 블로그와 SNS를 통해 직접 전자책을 판매하는 것의 장점은 앞서 설명한 바 있다. 전자책의 가격을 보다 자유롭게 책정할 수 있으며 플랫폼에 지불할 수수료가 없다는 점이다.

그러나 개인 판매는 무엇보다 판매자의 인지도와 권위가 필요하다. 그러기 위해서는 내 전자책 주제에 대한 정보성 콘텐츠들을 나의 블로그나 SNS를 통해 주기적으로 발행해야 한다. 사람들에게 먼저 정보를 줘야 하는 것이다. 단순히 이웃이나 팔로워의 수를 늘리기보다 내 전자책 주제에 대한 관심을 가진 이웃이나 팔로워들이 많아야 한다.

그들이 나에게 유용한 정보를 지속적으로 얻으면서 신뢰를 쌓고 더 자세한 정보를 원한다면 나의 전자책을 구매하도록 길을 만들어두는 것이다.

꾸준히 양질의 콘텐츠를 발행하기 위해 노력하고 당신의 주제에 관심을 가질만한 사람들을 먼저 찾아 나서자. 처음부터 유명한 사람은 없다.

Check Point

☐ 전자책을 만드는 목적이 무엇인가?

....

....

☐ 하루에 얼마의 시간을 투자할 수 있는가?

....

....

☐ 전자책 판매 플랫폼을 둘러봤는가?

....

....

☐ 실행이 아닌 요행을 바라지는 않는가?

....

....

☐ 부족한 것을 배우며 채울 준비가 되었는가?

....

....

전자책은 당신도 쓸 수 있다

이제 본격적으로 전자책을 만들기 위한 이야기를 해보려 한다. 하지만 첫 장에서 언급했다시피 머리로만 알고 실행하지 않으면 아무런 소용이 없다. 아무것도 하지 않으면 아무 일도 일어나지 않는 것처럼 다음에 언급할 내용을 뻔한 이야기라 치부하거나 어떻게든 치열하게 실행하지 않으면 이 책을 구입한 돈은 공중으로 날아갈 뿐이다.

다음에 소개할 내용을 책상에 앉아 진지하게 고민해보고 실행하기를 바란다. 한순간에 "짜잔" 하고 전자책이 만들어지는 기적을 바라지 말고 모든 과정을 직접 경험해보며 한 땀 한 땀 당신만의 전자책을 만들어보자.

아직도 당신에게는 남을 도울만한 지식이 없다고 느껴지는가?

아직도 당신은 전자책을 쓸 수 있을 만한 특별한 사람이 아니라고 생각하는가?

그 생각을 바꾸지 않으면 앞으로도 계속 그렇게 행동할 것이다. 당장 그 생각부터 머릿속에서 털어버리고 다음 장을 읽어보길 바란다.

1. 누구나 할 수 있는 나만의 주제 찾기

　전자책에 처음 도전하는 사람들이 첫 번째로 걱정하는 부분이다. 바로 내 전자책의 주제 정하기다. 걱정할 것 없다. 앞에서 말했다시피 우리의 전자책은 인류를 구원하거나 우리나라의 운명을 좌우하는 전자책이 아니다. 어딘가에 있을 당신의 도움이 필요한 그 누군가를 위한 전자책을 쓰면 된다. 그러니 이제 나와 함께 주제를 찾아보자.

　그러나 그 전에 고정관념부터 바꿔야 한다. 우리가 전자책을 만들기 위해서는 '전문성'을 갖춰야 한다고 과대망상을 하는 경우가 많다. 물론 틀린 말은 아니지만 '전문성'의 저주에 갇혀버리면 당신은 절대로 전자책의 주제를 선정할 수 없을 것이다. 마치 상위 0.1%의 전문성을 갖춰야만 전자책을 쓸 수 있다고 여길 수 있다는 말이다.

　다시 한번 말하지만, 우리의 잠재고객은 우리가 해결한 문제를 지금 겪고 있는 사람, 혹은 우리가 알고 있는 지식을 궁금해하는 사람들이다.

　당신이 초보라면 왕초보에게 지식을 전달할 수 있고 당신이 중수라면 초보들에게 지식을 전달할 수 있다. 그러니 절대 당신의 수준을 과소평가하지 말고 모든 가능성을 열어두고 주제를 찾자.

모든 시장에서 약 70%를 형성하는 가장 큰 수요층은 초보다. 우리에겐 잠재고객이 많다.

1) 내 관심사 꺼내 보기

지금부터 당신의 머릿속에 떠오르는 관심사를 모두 적어볼 것이다. 노트, 스마트폰, PC 어디든 상관없다. 단, 머릿속에서 먼저 필터링을 하지 말자.

'이게 내 전자책 주제가 되겠어?' 하면서 먼저 머릿속에서 거르지 말고 자연스럽게 떠오르는 생각들을 모두 적어보자. 수십 개가 될 수도, 그 이상이 될 수도 있다. 모두 적어보자.

하지만 정말 아무 생각이 나지 않을 수 있기에 당신의 생각을 돕기 위해 힌트를 주겠다.

생활 관련 관심사

당신의 일상을 돌아보자. 아침에 일어나는 순간부터 다시 잠이 들기까지의 생활 패턴을 돌아보며 그 안에 어떤 행동들이 있는지, 어떤 패턴을 가지는지, 유독 기분이 좋을 때는 언제인지,

당신이 남들에게 어떤 조언을 해주는지, 무엇을 할 때 집중하는지, 언제 불안하고 걱정을 하는지 등 하루를 자세히 돌아보자.

생각보다 아주 다양한 관심사가 떠오를 것이다. 다시 한번 강조하지만 머릿속에서 먼저 필터링을 하지 말자. 아주 사소한 것이라도 그냥 넘기지 말고 모두 적어보자.

직업, 신분 관련 관심사

직장인이라면 당신이 업무를 할 때의 모습을, 학생이라면 학업에 관련된 모습을, 주부라면 가사 생활을 할 때의 모습을 떠올려보자.

당신의 일과 관련한 자격증, 주의사항, 효율적인 업무처리 방법, 다른 사람은 모르는 당신만의 비법, 신입사원 혹은 후배들에게 알려주고 싶은 노하우 등 떠오르는 것이 있는지 돌아보자.

너무 평범하다고 생각해도 괜찮다. 당신에게는 평범할 수 있어도 초심자들에게는 특별한 비기가 될 수 있다. 그러니 절대 필터링하지 말고 모두 적어보자.

취미 관련 관심사

당신의 주말이나 휴일을 떠올려보자. 종일 누워서 스마트폰만 만진다 해도 괜찮다. 고정적인 취미가 있다면 그것도 좋다. 당신의 주말과 휴일에 무엇을 하는지 떠올려보고 다 적어보자.

예를 들어 종일 스마트폰만 만진다고 해도 당신이 스마트폰으로 뭘 하는지 떠올리면 된다. 효율적으로 정보를 얻는 법, 친구와 메신저를 통한 대화를 오래 지속하는 법, 게임을 잘하는 법 등 다양한 내용이 튀어나온다.

만약 당신에게 고정적인 취미가 있다면 그 취미에 대해 적으면 된다. 비록 그 취미를 시작한 지 한 달밖에 되지 않았더라도 상관없다. 아직 그 취미를 한 번도 한 적이 없는 사람에게 당신은 고수다.

사회적 관심사

시대가 흐름에 따라 사회적으로 이슈가 되는 것들이 있다. 최근에는 NFT, 메타버스, 암호화폐나 부동산 등에 대한 이슈들이 지속적으로 사람들의 관심을 모으고 있다.

물론 이는 전문적인 지식이 필요한 분야다. 그러나 평소 당신이 관심을 가지고 있었고 이에 대한 기본적인 정보가 있다면 얼마든지 초보들에게는 도움이 되는 정보가 될 수 있다.

꼭 이러한 전문적 분야가 아니어도 좋다. 당신이 최근 관심을 가지는 것 중에 사회적으로 사람들의 관심을 얻는 것이 있는지 떠올려보자.

> **효과적인 브레인 스토밍을 위한 방법**
>
> 1. 10분간 집중해서 떠올리며 적는다.
> 2. 10분이 지나면 10분간 주제와 관련한 생각을 멈추고 생각을 환기한다. (이때 잠시 다른 일을 하거나 휴식을 취하자.)
> 3. 1번과 2번을 3~4회 반복한다.

> **효과적인 브레인 스토밍을 위한 방법**
>
> 1. 성인이 된 후 가장 열정을 가지고 한 일들이 무엇인가?
> 2. 대학교에서 배운 것 중 지금도 잘 사용하는 것은 무엇인가?
> 3. 주변 지인들이 주로 당신에게 하는 질문은 무엇인가?
> 4. 6개월 이상 꾸준히 배웠던 것이 있는가?
> 5. 주변 지인들에게 도움을 준 적이 있는가?
> 6. 과거에 당신의 약점은 무엇이었는가?
> 7. 당신에게 자유시간이 주어진다면 무엇을 하고 싶은가?
> 8. 앞으로 계속 배워보고 싶은 것은 무엇인가?
> 9. 내 시간을 쏟아서 더 깊게 알고 싶은 분야가 있는가?
> 10. 유독 당신은 쉽지만 다른 사람은 어려워하는 것이 있는가?

이처럼 단순히 내가 관심을 가지는 게 뭐지? 하는 질문에서 조금만 벗어나 다양한 관점에서 스스로에게 질문을 던져보자.

　어쩌면 잊고 있었던 당신의 능력이나 열정을 발견하게 될 수도 있다.

2) 문제와 해결방안 떠올리기

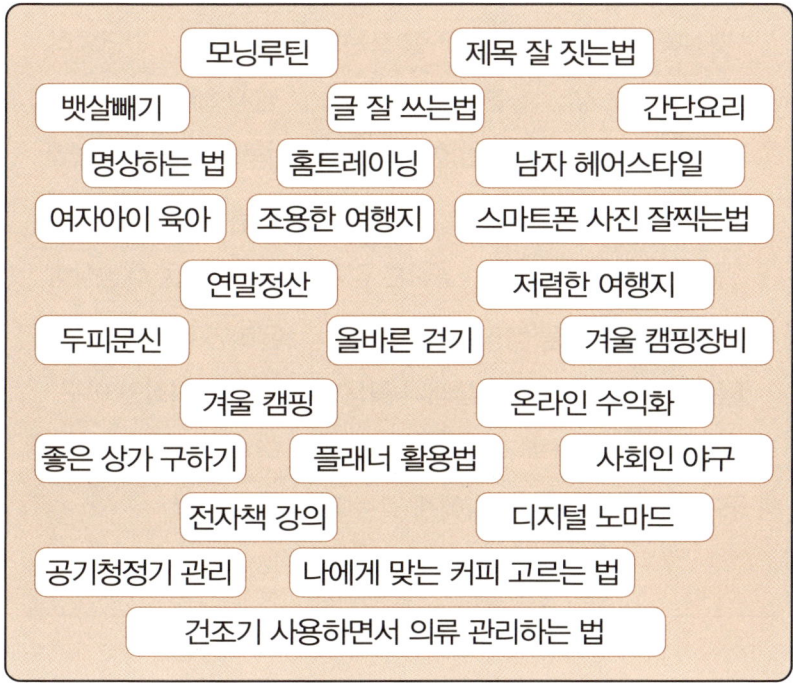

　앞에서 설명한 대로 내 관심사를 적어보았다. 보는 바와 같이 정말 의식의 흐름대로 써 내려갔다. 당신도 이처럼 막 써 내려가면 된다. 떠오르는 것을 막지 말고 모두 적어보자.

머릿속에서 더 떠오르는 주제가 없다면 이제 이 안에서 우리의 전자책 주제를 선정해야 한다. 방법은 간단하다. 적어 둔 후보 주제 중에서 문제점과 해결 방법이 떠오르는 것 3가지를 선정하는 것이다.

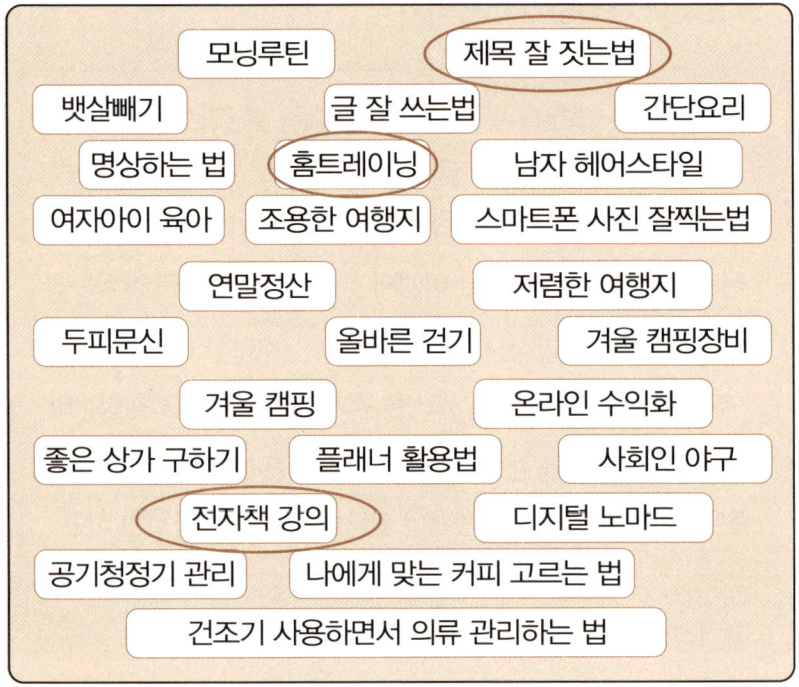

모든 주제는 문제를 가지고 있고 그 문제를 해결할 방법을 당신이 제시할 수 있다면 그 어떤 것도 전자책의 주제가 될 수 있다.

- 전자책 강의

　문제점 : 초보들은 처음에 강의 비용에 부담을 느껴 도전하기 도 전에 진입장벽을 느낀다.

　해결책 : 무료강의를 통해 진입장벽을 제거하고 자유롭게 도전할 수 있는 환경을 제공한다.

- 홈트레이닝

　문제점 : 대부분의 홈 트레이닝 강의는 층간소음을 유발하는 동작이 많다.

　해결책 : 지면에 충격을 주는 동작을 최소화한 현실적인 홈 트레이닝 루틴을 알려준다.

- 제목 잘 짓는 법

　문제점 : 상황과 아이템에 맞는 제목을 정하는 것에 어려움을 느낀다.

　해결책 : 주제별, 아이템별 예시를 들어 초보자들도 활용할 수 있는 템플릿을 제공한다.

　이처럼 당신이 선택한 주제에서 문제점이 무엇인지 찾아보고 그 문제점에 대한 해결 방법을 떠올려보자. 아주 자세할 필요는 없다. 방향성만 제시할 수 있어도 좋다. 자세한 내용은 차차 만들어가면 된다.

　중요한 점은 당신이 선택한 주제에서 무엇이 문제일지 찾아내는 것이다. 거기에 당신이 직접 해결책을 제시할 수 있다면 더

할 나위 없는 당신만의 전자책 주제가 만들어지는 것이다.

이 방법은 당신의 지식과 경험이 기반이 되는 주제이기 때문에 앞으로 해당 주제에서 전문가로서 포지셔닝 하기에 매우 적합한 주제이다.

따라서 주기적으로 당신의 관심사를 떠올려보고 문제점과 해결책을 제시할 수 있는 주제들을 꾸준히 발굴하는 것도 앞으로 지식사업을 넓혀가는 데 큰 도움이 될 수 있다.

3) 그 외 전자책의 주제를 찾는 방법

큐레이션(정보 정리) 할 수 있는 주제 찾아보기

사업이나 학업, 자기계발 등 다양한 분야에서 정보를 정리할 수 있는 주제를 찾아본다.

예를 들어 청년 창업 시 혜택이나 지원받을 수 있는 방법들을 정리하여 제공한다든지 특정 지역에 대한 상권 분석을 한 자료를 제공한다든지, 온라인 판매에 처음 도전하는 사람들을 위한 사입처들을 정리하고 효과적인 이용 방법을 소개하는 정보를 제공하는 등의 방식으로도 전자책을 만들 수 있다.

하지만 이 방식의 단점은 해당 주제를 통해 전문가로서의 포지셔닝에 어려움이 있다는 것이다. 단순 정보들의 정리 수준의 전자책이기 때문에 전문가로서의 포지셔닝에는 제한이 따르는 것이다.

가이드북 제작

엑셀이나 파워포인트 등의 프로그램을 초보자들의 수준에 맞게 단계별 사용법을 안내하는 방법, 서평(독후감) 쓰는 방법, 온라인 스토어 개설 및 설정 방법, 초보자들을 위한 체스 입문 가이드 등 다양한 분야에서 사용법과 노하우를 제시하는 전자책을 만들 수 있다.

특히 분야에 따라 개인 코칭 등으로 연계가 가능하기 때문에 해당 분야의 전문가라면 비즈니스 범위를 넓힐 수 있는 계기를 만들 수 있다.

만일 당신에게 일상적으로 사용하는 프로그램이나 간단한 취미처럼 여겨지는 것들은 무엇이 있는지 떠올려보자. 당신에게는 간단하게 여겨지더라도 누군가에게는 지도가 필요한 분야일 수 있다.

커뮤니티 활용하기

요즘 대부분의 사람은 온라인 커뮤니티에 소속되어 있다. 네이버 카페나 카카오톡 단톡방을 비롯해 SNS에서도 자주 사용하는 해시태그라는 요소로 인해 커뮤니티로 이어져 있다.

커뮤니티라는 것은 비슷한 관심사를 가진 사람들이 모여있다는 뜻이며 이 커뮤니티 내에서 사람들이 주로 언급하는 질문이나 고민 등은 아주 훌륭한 전자책 주제 혹은 소재가 될 수 있다.

당신이 자주 방문하는 커뮤니티를 둘러보자. 당신은 평소 불편함을 느끼지 못했지만, 누군가 불편함과 문제를 호소하는 것들이 있다면 아주 좋은 소재가 될 것이다.

그리고 각각의 커뮤니티에서 사람들과 활발하게 소통하자. 당신의 인지도가 높아질수록 신뢰도와 연결되고 그 신뢰도는 곧 판매량과 연계될 수 있다.

지금 내가 처한 문제 해결하기

지금 당신이 가진 문제가 무엇인가? 만약 지금 처한 문제가 없다면 과거에는 어떤 문제들을 가지고 있었으며 그 문제들을 어떻게 해결했는가? 당신이 직접 해결한 문제는 아주 귀한 전자책 주제가 될 수 있다.

사람들은 대개 비슷한 문제를 가지고 살아가고 있다. 따라서 당신이 이미 해결한 문제는 지금 그 문제를 겪는 사람에게 아주 좋은 상품이 될 수 있다. 예를 들어 대학교 진학, 취업, 자취, 시험 등 우리가 흔하게 겪을 수 있는 그런 문제들도 좋다.

도저히 전자책 주제를 찾기 힘들다면 지금 당신의 문제를 먼저 해결하자. 문제를 해결함과 동시에 스트레스는 해소되고 새로운 전자책 주제가 하나 생겨날 것이다.

지금까지 전자책의 주제를 선정하는 방법에 대해 설명했다. 앞서 설명한 방법들을 참고해서 다음 단락으로 넘어가기 전 하나의 주제를 선택하자.

지금 선택한 주제 외에 다른 주제를 선택해도 좋다. 하지만 다음에 설명할 내용을 이해하기 위해서는 하나의 주제를 가지고 있어야 유리하다.

앞으로 설명할 내용들은 머릿속으로만 알고 있기보다 직접 실행하면서 몸으로 체득하는 것이 중요하기 때문이다. 따라서 다음 단락으로 넘어가기 전 하나의 주제를 선정하자.

미션 1 주제 정하기

구분	내용
주제	
문제	
해결방법	

앞에서 설명한 주제를 찾는 방법을 적용하여 주제를 찾자. 주

제를 찾은 후 각 주제에 맞는 문제와 해결방안을 작성하자.

'문제'는 해당 주제에서 사람들이 느끼는 문제를 적어야 한다.

'해결 방법'은 이 문제를 해결할 수 있는 당신만의 방법을 작성한다.

이런 방식으로 여러 주제를 떠올리면서 첫 번째로 작성할 당신만의 전자책 주제 한 가지를 선택하자.

2. 내 주제의 시장성 알아보기

　주제를 정하는 과정에서부터 시장성이 있는지 바로 확실하게 알 수는 없다. 따라서 우리가 정한 주제가 시장성이 있는지, 즉 팔릴만한 주제인지를 확인하기 위해서는 별도의 시장조사가 필요하다.

　거대 기업들도 하나의 상품을 출시하기 전 수많은 단계에 걸쳐 시장조사를 거친다. 그들은 막강한 자본력을 바탕으로 대대적인 시장조사를 하고 그에 따른 수요층 분석과 판매전략을 기획한다.

　이처럼 유명한 기업들조차 브랜드 파워로 밀어붙이기보다 시장조사부터 거친다. 따라서 판매를 위한 전자책을 만드는 것이 목적인 우리도 당연히 시장조사를 거치는 것이다.

　또한 이 시장조사의 과정을 통해 우리는 우리만의 시장과 잠재고객을 설정하고 그에 맞춰 전자책을 작성해 나갈 것이다. 단순하게 나만의 지식정리나 블로그 글 수준의 전자책이 되지 않기 위해 시장조사는 필수적인 과정이다.

　다만 우리에게는 시장조사를 위한 자본은 필요하지 않다. 그저 열심히 둘러보고 기록해두면 된다.

이제 당신이 선택한 주제의 시장성을 알아보자.

1) 팔리는 주제인가

앞에서 설명한 방법을 이용하여 당신의 전자책 주제를 선정했다면 그 주제가 과연 시장성이 있는지 즉 팔릴만한 주제인지를 살펴보는 것이 중요하다.

가장 간단한 방법은 직접 전자책 판매 플랫폼에서 해당 주제를 검색해보는 것이다. 이미 해당 주제의 전자책이 팔리고 있다면 시장성이 있다는 증거다. 다른 판매자들이 많다고 해도 걱정할 필요는 없다. 모든 시장에는 틈새가 존재하기 때문이다.

만약 당신의 주제가 하나도 등록되어 있지 않다면 당신은 블루오션을 발견한 것일까?

꼭 그렇지만은 않다.

팔지 않는 이유가 있을 수 있다. 즉 시장성이 없는 주제일 수 있다는 것이다. 언제까지나 판단은 판매자의 몫이다. 경험을 쌓는다 생각하고 도전할 수는 있다. 그러나 파는 사람이 없다고 무조건 블루오션이라 생각하면 상당히 위험하다.

따라서 판매자가 한 명도 없는 주제보다 이미 판매자가 있는 주제가 더욱 안정적으로 시장성이 있다고 판단할 수 있다.

2) 남들은 어떻게 팔고 있는가

　플랫폼에 등록된 모든 전자책은 목차를 공개하게 되어있다. 전자책 목록 중에서 당신이 선택한 주제와 비슷한 전자책이 있다면 먼저 상세페이지를 통해 목차를 살펴보자.

　목차만 살펴보더라도 이 전자책이 무엇을 다루는지, 이 전자책이 타깃으로 하는 사람들은 누구인지, 내용의 흐름이 무엇인지 유추할 수 있다. 따라서 지금 판매되고 있는 전자책들을 많이 둘러볼수록 어떤 요소를 갖춰야 하는지 판단할 수 있는 것이다.

　또한 같은 주제 안에서도 어떤 전자책은 잘 팔리는 반면 어떤 전자책들은 잘 팔리지 않거나 별점이 낮은 경우가 있다. 그럴 땐 두 전자책의 썸네일, 상세페이지 글, 목차 등을 비교해가면서 어떤 부분에서 차이가 있는지 파악해보자.

　잘 팔리는 전자책은 이유가 있을 것이고 잘 팔리지 않는 전자책은 마찬가지로 그만한 이유가 있을 것이다.

　게다가 요즘은 SNS나 블로그, 유튜브 등을 운영하며 사람들의 유입을 늘리는 경우도 상당히 많다. 개별적인 카페를 운영하면서 커뮤니티를 형성하기도 한다.

　이처럼 기존에 판매하고 있는 판매자들은 어떤 방식으로 사람들을 유입시키고 자신의 상품을 홍보하는지도 확인해봐야 한다. 그들이 활용하는 방법이 있다면 우리는 충분히 벤치마킹을 할 수 있다.

시장 테스트		초보 전자책 코칭			
이름	랭킹	주요채널	고객 유치 방법	팔고 있는 것	판매하는 대상
○○○	1	유튜브 https://www.youtube.com/che 블로그 https://blog.naver.com	- 무료 전자책 - 유튜브, 블로그 컨텐츠를 통한 판매 페이지 유도	- 전자책 코칭 서비스 - 기업, 학교, 글쓰기 강연	본업을 유지하면서 부가 수익을 창출하려는 사람.(입문자 -중수)
○○○	2	유튜브 https://www.youtube.com/c/% 블로그:https://blog.naver.com 네이버 카페 https://cafe.naver.com/1000en	- 무료 전자책 - 유튜브, 블로그 컨텐츠와 네이버 카페를 통한 판매 페이지 유도	- 온라인 비즈니스 강의 및 코칭 서비스 - 전자책 판매	본업을 유지하면서 부가 수익을 창출하려는 사람과 퇴사 이후 온라인으로 수익을 창출 하려는 사람 (입문자 -초보)
○○○	3	블로그 https://blog.naver.com	- 블로그를 통한 전자 셀린지 진행 - 전자책 구매자들을 대상으로 한 단톡방 및 카페 커뮤니티 운영	- 전자책 판매 - 영상 강의 판매	본업을 유지하면서 부가 수익을 창출하려는 사람 (입문자 -초보)

이 표는 필자가 실제로 시장조사를 할 때 활용하는 표다.

내가 들어가고자 하는 시장에서 이미 판매 중인 그들이 운영하는 채널과 고객 유치 방법, 판매 중인 상품과 대상까지 알 수 있는 부분은 최대한 알아낸다. 이후 벤치마킹할 부분과 차별화할 부분을 고려하여 나만의 시장을 만들어야 한다.

이미 시장의 선두주자와 정면 대결을 하는 것은 승산이 없다. 우리는 시장조사를 통해 우리만의 시장을 먼저 만들고 점진적으로 점유율을 늘려가는 방법을 택해야 한다.

당신과 같은 주제에서 판매 중인 다른 판매자들을 자세히 파악해보자. 잠재고객, 세부 주제, 추가 서비스, 가격 등 분명히 우리가 파고 들어갈 빈틈이 있을 것이다. 그들을 아는 만큼 우리를 차별화할 수 있다.

3) 내 전자책은 어떤 차별화를 할 것인가

우리의 전자책이 이미 판매되고 있던 전자책과 다른 점이 없다면 아마도 우리의 전자책은 상대적으로 불리한 입장이 될 수밖에 없다. 이미 판매 중인 전자책이 경쟁력이 있는 전자책이라면 높은 별점과 긍정적인 후기가 쌓여있을 것이기 때문이다.

따라서 우리는 기존에 있던 전자책과 다른 무언가를 만들어야 한다.

가격

플랫폼의 특성상 가격경쟁은 피할 수 없다. 만약 해당 분야의 독보적인 전문가이거나 범접할 수 없는 유명세를 가진 것이 아니라면 플랫폼 내에서의 가격전쟁은 받아들여야 한다.

우리도 마찬가지이지 않은가? 쇼핑하거나 마트를 갈 때면 비슷한 조건에서는 가격을 먼저 비교하게 되어있다. 프리미엄 제품을 구매하는 것이 아니라면 가격은 가장 먼저 고민하게 되는 요소다.

따라서 당신이 선택한 주제의 전자책의 평균적인 가격대를 먼저 파악하고 합리적인 금액을 책정하는 것이 좋다.

틈새 파악

예를 들어 같은 주제의 전자책들이 너무 전문적인 내용을 다루거나 중수 이상의 사람들을 주 타깃으로 한다면 완전한 초보를 타깃으로 한 전자책을 만들 수 있다. 혹은 해당 주제의 포괄적인 정보를 다루기보다 그 중에 가장 중요한 부분만 핵심적으로 제공할 수도 있다.

이렇듯 다른 판매자들이 가지고 있는 시장을 더 세분화할수록 우리만의 새로운 시장을 만들어 낼 가능성이 크다.

따라서 기존에 판매 중인 전자책들을 파헤쳐보면서 당신이 진입할 틈을 만들자.

결합 상품

초보들에게는 다소 부담스러운 방법일 수 있다. 전자책을 구매하면 코칭 서비스를 함께 제공하거나, 영상 강의를 제공하거나 하는 결합 상품을 만드는 방법도 있으나 지식 판매에 처음 도전하는 사람들 입장에서는 다소 부담이 될 수 있는 방법이다.

추후에 해당 분야에서 전문가로 포지셔닝을 원한다면 이런 부분도 고려해야 한다는 사실을 잊지 말자.

이번 단락에서 가장 중요한 부분은 당신의 전자책 주제가 시장성이 있는지 직접 확인해야 한다는 점이다. 비슷한 전자책이 어떻게 판매되고 있는지, 다른 판매자들은 어떻게 판매하고 있는지를 파악해야 당신만의 시장을 만들 수 있으며 결국 승자가 될 수 있다.

앞에서 설명한 주제를 찾는 방법을 적용하여 주제를 찾자. 주제를 찾은 후 각 주제에 해당되는 문제와 해결방안을 작성하자.

> 1. 나와 비슷한 주제의 전자책 상세페이지 분석하기
>   - 목차를 통해 내용 파악하기
>   - 어떤 말로 잠재고객을 설득하는지 분석하기
> 2. 다른 판매자들은 어떻게 판매하는지 분석하기
>   - 판매 플랫폼 외에 다른 활동을 하는가. (SNS, 블로그, 유튜브 등)
>   - 다른 활동들을 통해 전자책 판매 페이지로 유도하는가.
> 3. 1번과 2번의 내용을 바탕으로 내가 차별화할 수 있는 점은 무엇인지 파악하기

위의 내용을 태도로 다음 장의 2번째 미션을 작성하자.
실행하지 않으면 언제나 제자리걸음일 뿐이다.

미션 2 시장조사

구분	내용
판매자 이름	
시장 순위	
주요 상품	
주요 채널	
고객 유치 방법	
판매 대상	

당신이 정한 주제의 다른 판매자들을 위와 같이 분석하면 우리가 벤치마킹할 부분과 차별화할 부분들이 조금씩 떠오르게 될 것이다.

다른 판매자들을 적어도 3명 이상 분석하여 당신만의 판매전략과 틈새시장을 만들자.

3. 잠재고객 설정하기

 우리가 만드는 전자책은 판매를 위한 '제품'이라고 생각해야 한다. 따라서 우리가 만들 제품의 잠재고객을 먼저 설정해야 한다. 두루뭉술한 타깃팅보다 좁고 명확한 타깃팅이 훨씬 정확하게 우리의 전자책을 원하는 사람들에게 도달되기 때문이다.

 길에 지나가는 아무 사람이나 붙들고 당신의 전자책을 설명하는 것과 이미 당신의 전자책 주제에 관심이 있을 만한 사람들을 찾아가 당신의 전자책을 설명하는 것 중에 무엇이 더 효과적이고 높은 판매를 일으키게 될까?

 당연히 후자의 경우가 더 효과적이고 높은 판매량을 일으킬 것이다.

 당신의 전자책은 썸네일과 제목에서부터 잠재고객들을 사로잡아야 한다. 그리고 전자책의 상품 설명란이나 상세페이지에도 우리가 설정한 잠재고객들이 공감하도록 만들어야 한다.

 본문 또한 마찬가지다. 당신의 전자책을 읽을 잠재고객들이 명확하지 않으면 잠재고객들의 눈높이나 현재 상태에 대한 이해가 이뤄질 수 없다. 이는 곧 고객들이 당신의 전자책을 너무 어렵게 느끼거나, 혹은 너무 기본적이고 쉬운 내용이라고 판단할 수 있다는 것이다.

　잠재고객들은 당신에게 돈을 지불하고 전자책을 구매한다. 하지만 자신에게 맞지 않는 전자책이라 판단된다면, 자신에게 도움이 되지 않는 전자책이라 판단된다면 그들은 좋은 후기나 별점을 남겨줄 리 없다.

　따라서 우리는 본격적으로 전자책을 만들기 전에 잠재고객부터 명확하게 설정해야 한다. 그래야 전자책의 방향과 핵심 내용들을 구성할 수 있다.

　이번 단락을 통해 당신의 잠재고객을 찾기 바란다.

1) 잠재고객은 어떻게 정할까

　잠재고객을 설정하는 방법은 생각보다 어렵지 않다. 스스로의 모습에서 출발하면 되기 때문이다. 당신이 선택한 전자책의 주제는 곧 당신이 과거 경험했던 문제일 가능성이 높다. 그렇다면 그 문제를 해결하기 전 본인의 모습을 먼저 떠올려보자.

　- 왜 문제를 해결하고 싶어했는가?
　- 문제로 인해 어떤 어려움을 겪고 있었는가?
　- 문제를 해결한 후 어떤 변화를 겪었는가?

이 질문에 대한 답을 찾다 보면 문제를 해결하기 전의 모습이 떠오를 것이다. 바로 그 사람이 당신의 잠재고객이다. 이제 잠재고객의 모습을 조금 더 구체화 시켜보자.

- 나와 다른 사람 중 누가 이 문제로 힘들어하고 있을까?
- 그 사람의 성별, 나이, 직업, 이름은 무엇일까?
- 이 문제를 해결한 후에 어떤 모습이 되기를 원할까?

잠재고객에 대해 구체적으로 떠올릴수록 당신의 전자책은 더더욱 잠재고객에게 필요한 전자책이 될 수 있다.

> **45세 여성, 이희영, 전업주부 겸 캘리그라피를 주제로 한 블로그 운영 중.**
>
> 취미로 시작한 캘리그라피가 벌써 1년이 넘어 이제 어느덧 주변 지인들에게 선물도 주고 기념일이면 주변에서 축하 카드 제작 부탁을 받기도 한다. 또 가까운 사람들이나 블로그 이웃들에게 캘리그라피를 알려달라는 말을 듣곤 하지만 마땅히 알려줄 방법을 깨닫지 못하고 있다.
>
> 전자책을 제작하여 캘리그라피 분야에서 점차 준전문가로 발돋움할 수 있는 방법을 깨우쳐 준다.
>
> 또한 전자책 구매자들에 한해 비공개 인스타그램 팔로우 승인을 통해 짧은 영상으로 추가 교육을 진행하여 일반 전자책 판매자들과 차별화하는 방법을 알려준다.

만약 당신이 잠재고객의 구체적인 모습을 떠올리는 것에 귀찮음을 느끼거나 하찮은 일이라고 느낀다면 전자책을 아무에게도 팔고 싶지 않다는 말과 같다. 즉 모두에게 팔겠다는 말은 아무에게도 팔지 않겠다는 말과 같다는 말이다.

내가 이 책을 만들기 전 실제로 작성했던 잠재고객 리스트 중의 하나다. 물론 가상의 인물이다. 전자책을 배우고 싶어 하는 사람들, 혹은 전자책을 만드는 법을 알고 싶어 하는 사람들, 온라인 지식 판매를 시작하고 싶어 하는 다양한 잠재고객들 중 한 명을 설정한 것이다.

당신의 잠재고객은 누구이며, 현재 어떤 상황에 있고, 그에게 어떤 해결책을 제시할 수 있는가?

잠시 책을 내려두고 떠올리기 바란다. 그리고 그 내용을 정리해두자. 최소 각기 다른 3명의 잠재고객을 떠올려보고 그들에게 어떤 해결책을 제시할 수 있을지 떠올려보자.

우리가 지금 만들어 내는 잠재고객들은 우리가 전자책을 완성한 후에 우리의 전자책을 구매할 사람들이다. 과연 어떤 사람들에게 당신의 전자책이 필요할까?

만약 어렵다면 과거 자신의 모습을 떠올리는 것으로 시작하자.

미션 3 잠재고객 설정하기

구분	내용
잠재고객 이름	
잠재고객 직업	
잠재고객 나이	
잠재고객의 문제	
문제 해결 방법	
잠재고객의 최종모습	

　잠재고객을 구체적으로 떠올려보자. 만약 어렵다면 당신의 과거 모습을 먼저 떠올려보자. 다양한 잠재고객들의 모습을 구체적으로 정의할수록 우리의 전자책은 더 그들에게 와 닿는 전자책이 된다.

　마지막 '잠재고객의 최종모습'은 문제 해결 후 잠재고객이 어떤 삶을 살 수 있는지, 문제 해결 후 어떤 이득을 얻을 수 있는지 설명하자.

4. 잠재고객에게 필요한 목차 구성하기

목차를 작성하기 전 먼저 해야 할 것이 있다. 바로 전자책의 제목을 임시로 정하는 것이다. 임시로 정하는 이유는 생각보다 제목을 정하는 과정이 오래 걸릴 수 있기 때문이다.

본격적으로 전자책을 작성하기 전 제목을 정하는데 너무 오랜 시간이 걸린다면 오히려 전자책을 작성하는 흐름을 놓칠 수가 있다. 따라서 지금은 '잠재고객 – 최종모습 – 아이템'의 구조를 가진 임시 제목을 만들어두자.

예를 들면 '왕초보도 한 달 만에 완성하는 전자책 만들기' 정도로 정해두면 된다.

임시로 제목을 정하는 이유는 우리의 잠재고객과 그에 맞는 전자책의 내용과 방향성을 잊지 않기 위해서다.

제목을 정하는 방법은 뒤에서 자세히 설명할 예정이다. 그러니 지금은 단순하게 임시로 제목을 설정해두자.

목차는 당신의 전자책이 잠재고객들에게 먼저 보여지는 부분이다. 이번 단락을 통해 당신의 전자책에 매력적인 목차를 구성해보자.

1) 주제와 관련한 모든 키워드를 떠올리기

이 전자책의 초반부에 전자책의 주제를 정하는 방법으로 소개했던 방법이 기억나는가? 이른바 '브레인스토밍'이다.

목차를 만들 때도 동일한 방식을 적용한다. 차이점이 있다면 목차를 구성할 때는 내가 선택한 주제 안에서만 키워드를 떠올린다는 점이다.

그렇다면 거두절미하고 당신이 떠올린 주제와 관련한 모든 키워드를 떠올려서 노트, 스마트폰, PC 등 아무 곳이나 일단 적어보자.

예시 주제 ▶ 전자책 만들기

- 주제 정하기
- 표지 만들기
- 글쓰기
- 시장성 조사
- 어디서 팔까?
- sns 활용법
- 후기 모으기
- 내 소개 만들기
- 누구에게 팔까
- 전자책 소개
- 제목 짓기
- 무료 사진편집 프로그램
- 전자책의 종류
- 블로그 활용법
- 정보 수집
- 목차 구성
- 사진 편집
- 글씨체, 글자 크기

전자책 만들기라는 주제를 예시로 사용하여 키워드들을 적어보았다. 역시나 한 번에 모든 키워드가 떠오르지 않을 수 있기 때문에 생각이 나지 않을 때는 중간중간 10분 이상씩 휴식을 취해가며 키워드를 작성해보자.

이 과정들을 반복한 후 더 이상 키워드들이 떠오르지 않을 때는 당신의 주제와 관련된 유튜브 영상이나 다른 전자책을 한 번 더 살펴보면서 혹시 놓친 것들이 있는지 최종적으로 점검하자.

이 과정까지 모두 끝마쳤다면 이제 목차를 정리할 차례다.

예시 주제 전자책 만들기

전자책 작성 전
- 전자책 소개
- 전자책의 종류
- 주제 정하기
- 누구에게 팔까
- 시장성 조사

전자책 작성 중
- 정보 수집
- 제목 짓기
- 목차 구성
- 글쓰기
- 글씨체, 글자 크기

전자책 작성 후 / 판매 단계
- 표지 만들기
- 사진 편집
- 무료 사진편집 프로그램
- 어디서 팔까?
- 내 소개 만들기
- sns 활용법
- 블로그 활용법
- 후기 모으기
- 전자책 상세페이지 만들기
- 판매등록하기

아무렇게나 써놓은 키워드들을 정리하니 제법 목차의 모습을 갖추게 됐다. 중요한 것은 키워드를 정리할 때는 나름의 기준이 있어야 한다는 점이다.

예시로 제시한 목차의 순서는 전자책 작성 전부터 판매 단계에 이르기까지 시간의 순서에 따라 기준을 두고 정리했다. 시간이나 순서에 기준을 두고 정리하는 것이 가장 보편적이고 편리한 방법이긴 하지만 주제에 따라 기준은 얼마든지 달라질 수 있다.

다만 고객들이 전자책을 읽을 때 더 이해하기 쉽도록, 다시 찾아보기 쉽도록 구성하는 것이 중요하다.

하지만 앞에서 예시로 만든 제목은 어딘가 심심하다. 앞에서 설명했듯이 잠재고객들은 우리의 목차를 확인할 수 있다. 따라서 우리의 목차도 잠재고객들을 더 설득할 수 있도록 만들어야 한다.

평범하고 딱딱한 설명보다 눈에 띄고 궁금하고 공감이 가는 형태로 만드는 것이 좋다.

다음 예시를 보자.

| 예시 주제 | 전자책 만들기 |

전자책 작성 중	→	전자책 작성 중
정보 수집		분량을 결정짓는 정보 탐색하기
제목 짓기		클릭을 부르는 필살 제목 공식
목차 구성		잠재고객을 확정고객으로 만드는 목차 만들기
글쓰기		누구나 하루 만에 완성하는 필살 글쓰기 비법
글씨체, 글자 크기		내 전자책의 퀄리티를 결정하는 글씨체와 글자 크기

어떤가? 기존에 있던 목차보다 더 흥미와 필요성을 느낄 수 있겠는가? 이런 방식으로 목차를 만들게 되면 잠재고객들에게 보다 매력적으로 느껴지는 목차를 만들 수 있다.

목차의 이름을 결정할 때 고려해보면 좋을 사항은 다음과 같다.

- 해당 목차에서 얻을 수 있는 이득
- 해당 목차의 중요성
- 해당 목차 내용을 몰랐을 때 돌아오는 손해
- 해당 목차의 역할
- 궁금증 유발

다시 강조하지만, 목차는 잠재고객에게 미리 공개되는 부분이기에 잠재고객들의 호기심을 자극하고 흥미를 유발할수록 매력적으로 느껴질 것이다.

미션 4 목차 구성하기

앞에서 설명한 내용을 참고하여 목차를 만들어보자.

목차를 만들 때 고객의 흥미를 유도할 수 있는 방법을 고민해 보자.

5. 하루 만에 적용하는 필살 글쓰기

　전자책을 작성하는 사람들이 주제를 정하는 것만큼 부담을 느끼는 것이 바로 글쓰기다. 즉 본문 내용 채우기다. 물론 누구나 부담을 느낄 수 있다

　'내가 이 주제로 20페이지의 분량을 채울 수 있을까?'
　'나는 이렇게 긴 글을 써본 적이 없는데 할 수 있을까?'

　공감한다. 나도 처음에 똑같이 느꼈다. 하지만 할 수 있다는 것을 느꼈고 어떻게 하면 더 수월하게 내용을 채울 수 있는지 알게 되었다.
　거의 모든 사람들이 시작하기 전에 가장 먼저 분량을 걱정한다. 비단 당신만 그런 걱정을 하는 것이 아니기 때문에 너무 고민하지 않기를 바란다.
　물론 글을 대충 쓰거나, 조금만 써도 분량을 채우고 전자책을 완성하는 방법은 세상 어디에도 없다. 누가 그런 전자책을 돈 주고 사겠는가.
　이번 단락에서는 최대한 글쓰기의 부담을 낮추고 분량을 채

워가는 방법에 대해 다룰 예정이다.

이 단락을 통해서 당신의 부담도 사라지기를 바란다.

1) 목차를 소제목으로 나누자

목차를 만들었다면 그 목차를 조금 더 세부적인 소제목으로 나눠보자. 목차를 소제목으로 나누게 되면 글의 길이와 호흡이 짧아지기 때문에 글을 쓰는 사람과 읽는 사람 모두에게 부담이 줄어든다.

즉 쓰는 사람은 한 번에 긴 분량의 글을 쓰는 부담이 줄어들고 읽는 사람은 한 번에 이해해야 할 단락의 길이가 줄어 부담이 줄어드는 것이다. 그러니 목차를 조금 더 세부적으로 쪼개서 한 목차당 적어도 3개 이상의 세부 목차를 만들자.

게다가 세부 목차를 만들게 되면 구매자들이 전자책을 다시 읽어볼 때 자신에게 필요한 부분을 빨리 찾을 수 있다는 장점이 있다. 우리는 고객들에게 만족을 줘야 한다. 선택한 목차에서 해야 할 말들을 먼저 정리한 후 나름의 기준을 세워 순서를 정리하자. 우리가 처음 목차를 정했을 때와 같은 방식이다.

각 목차당 적어도 3개 이상의 세부 목차로 나눠보자.

> 1. 왜 전자책인가
>   1-1. 당신이 전자책을 써야 하는 이유
>   1) 가장 쉬운 지식판매 도구
>   2) 자동화
>   3) 퍼스널 브랜딩
>   4) 무자본 사업
>   1-2. 당신이 전자책을 쓸 수 있는 이유
>   1-3. 팔리는 전자책의 종류
>   1-4. 전자책 시장 살펴보기

이처럼 각 목차에 들어갈 내용을 조금 더 세부적으로 다뤄보자. 만약 세부 목차 안에서도 분류가 필요하다면 더 나눠도 좋다. 단지 읽는 사람들에게 굳이 억지로 단락을 나누었다는 느낌을 주지 않도록 흐름에 따라서 분류해주는 것이 중요하다.

2) 내 글에 구조를 만들자

아무런 구조나 기준이 없이 무작정 글을 계속 써나간다는 것은 꽤 어려운 일이다. 특히 글을 많이 써본 경험이 없는 사람들에게는 더더욱 그럴 것이다. 그러나 글에 구조를 적용시키면 주제나 분야에 관련 없이 글쓰기의 부담을 줄일 수 있다.

우리가 쓰는 글은 상대방의 문제를 해결하거나 상대방을 설득하는 글이다. 이런 글에 대표적으로 쓰이는 구조가 있다.

주장 ⇨ 이유 ⇨ 근거 제시 ⇨ 재주장

이 구조를 가진 글은 우리의 전자책을 포함해 상품의 상세페이지, 독후감, 블로그 등 폭넓은 주제에서 사용할 수 있는 구조이다. 또한 주장이나 의견에 대한 논리적인 설득력을 갖춘 구조이기 때문에 우리의 구매자들에게 조금 더 간결하고 효과적으로 내용을 전달하고 이해시킬 수 있는 구조이다.

전자책을 써야 하는 이유

요즘 온라인 부업이나 온라인 비즈니스에 대한 관심이 높다. 그렇다면 이제 막 도전을 시작하는 사람들은 무엇부터 시작해야 할까?

바로 전자책이다.

전자책은 누구나 만들 수 있고 진입장벽이 낮아 도전에 제약이 없다. 실제로 대다수의 판매자가 다른 온라인 기반 없이 자신의 지식을 바탕으로 전자책 판매를 시작했다.

또한 이들은 블로그, 유튜브, SNS등 다른 플랫폼과 연계하여 노출을 늘려 판매량을 증대시킴과 동시에 전자책에서 다룬 내용을 기반으로 한 다양한 비즈니스로의 확장도 이뤄냈다.

따라서 처음 온라인 부업이나 온라인 비즈니스에 도전한다면 전자책을 기반으로 당신만의 온라인 비즈니스를 시작하자.

틀을 가진 글이지만 아주 자연스럽게 문장이 이어진다. 따라서 위에서 제시한 구조를 글에 적용하는 것만으로도 글쓰기에 대한 부담은 줄어들 것이다.

만약 그래도 글쓰기가 부담스럽다면 다음 페이지를 주목하자.

3) 그래도 부담된다면 개조식으로 먼저 만들자

글을 써본 경험이 적은 사람들에게는 생각을 바로 문장으로 풀어내는 것이 부담될 수도 있다. 그럴 때는 해당 세부 목차에서 하고 싶은 말을 개조식으로 먼저 작성해보자.

전자책을 써야 하는 이유

주장 : 온라인 비즈니스의 시작은 전자책으로 하는 것이 가장 수월하다.

이유 : 누구나 만들 수 있고 진입장벽이 낮다.

근거 : 대다수의 판매자가 다른 온라인 기반 없이 전자책 판매를 시작한다.
블로그, 유튜브, SNS 등 다른 플랫폼과 연계하여 비즈니스를 확장한다.

재주장 : 전자책을 기반으로 온라인 비즈니스를 시작하자.

이 정도의 글은 써 볼만하지 않은가? 각각의 구조에서 설명할 내용들을 간단하게 한 줄 정도로 추려 채워 넣으면 된다.

이렇게 각 항목에 대한 내용을 채운 후 이 구조를 그대로 내 앞에 있는 사람에게 설명해 주듯이 말하는 것처럼 풀어 써보자. 그러다 중간중간 이해를 돕기 위한 사진이나 사례들을 추가한다면 훌륭한 단락이 완성될 것이다.

만약 문장을 이어가는 방법이나 표현력 등에 부족함을 느낀다면 그냥 책을 읽어보자. 어떤 책이라도 좋다. 집에 있는 책 중에 눈길이 가는 것을 집어서 읽자.

책에 손이 가지 않는다면 뉴스 기사나 다른 사람들이 배포한 무료 PDF 전자책을 읽어보자. 많이 보고 많이 써보는 만큼 성장할 것이다.

못 하고 두렵다고 아무것도 하지 않을 수는 없다. 하기 전에는 아무것도 달라지지 않는다. 분량 걱정은 내려두고 일단 쓰자. 전자책은 써야 만들어진다.

Check Point

☐ 내 주제는 시장성이 있는가?
....
....

☐ 내 문제해결 방법은 실효성이 있는가?
....
....

☐ 다른 판매자들을 자세히 분석했는가?
....
....

☐ 내 전자책은 차별성이 있는가?
....
....

☐ 잠재고객을 정말 구체적으로 설정했는가?
....
....

Check Point

☐ 잠재고객의 흥미를 유발할 목차인가?

☐ 목차별로 세부목차를 나누었는가?

☐ 글의 흐름이 자연스러운가?

☐ 잠재고객이 이해하기 쉽게 쓰였는가?

☐ 사진과 예시를 적절히 활용했는가?

멋진 포장지를 씌워보자

　제목과 썸네일은 전자책을 만들기 시작하면서 먼저 정해도 상관은 없다. 그러나 우리의 잠재고객을 명확하게 설정하고 시장성 조사를 통해 우리만의 판매 계획을 수립하기 전에 제목을 먼저 설정한다면 추후에 제목과 썸네일을 변경해야 할 가능성이 매우 높다. 제목과 썸네일은 우리가 만드는 전자책의 특징과 잠재고객을 겨냥하여 만드는 것이 효과적이기 때문이다.

　제목은 썸네일과 더불어 잠재고객의 클릭을 불러야 한다. 따라서 우리 전자책의 특징을 나타내야 하며 잠재고객들이 반응할 수 있는 제목을 구상해야 한다. 썸네일은 다양한 전자책 중에서 눈에 띄어야 하며 우리 전자책의 특징을 직관적으로 보여줘야 한다.

전자책의 종류가 다양해지고 같은 주제 내에서도 다양한 전자책이 발간되고 있는 요즘, 평범하고 정직한 제목과 썸네일만으로는 잠재고객의 클릭을 유도하는 것이 어렵다. 따라서 이번 단락에서는 잠재고객들의 흥미와 관심을 유발시켜서 우리의 상품을 클릭할 확률을 높이는 제목과 썸네일에 대해 알아보고자 한다.

특히 이번 단락은 평소에 즐겨보던 유튜브나 인터넷 쇼핑 등에서 당신의 관심을 끌었던 제목과 썸네일들을 떠올려보면서 읽기 바란다. 어떤 요소들에 의해 당신이 흥미와 관심을 가지고 클릭을 했는지 떠올리면서 당신의 잠재고객에게는 어떤 요소를 활용해 흥미와 관심을 유발할지 고민해보자.

1. 사고 싶은 제목 만들기

제목에는 일명 카피라이팅의 요소가 필요하다. '00하는 00방법'과 같은 제목은 너무나 평범하기 때문에 잠재고객의 흥미와 관심을 불러일으키기 어렵다.

따라서 우리는 카피라이팅 요소를 활용하여 잠재고객의 흥미를 이끌어내고 잠재고객의 마음을 움직일 수 있는 제목을 만들어야 한다.

먼저 제목의 다양한 유형에 대해 알아볼 필요가 있다. 다음에서 소개할 제목의 유형들은 얼핏 보기에 비슷하게 느껴질 수도 있지만 어떤 부분에 중점을 두었는지에 따라서 그 분류가 달라질 수 있다.

제목을 만드는 데 정해진 정답은 없을 수도 있다. 그러나 단 한 명의 잠재고객이라도 더 우리의 전자책을 클릭하게 만들 수 있다면 우리는 더 고민해야 한다.

여기서 소개할 제목은 총 5가지의 유형으로 나눌 수 있으며 각각의 유형들을 서로 조합하여 사용할 수도 있다.

아마도 우리가 유튜브, 블로그, 뉴스 기사 등에서 많이 접했을 법한 제목들도 눈에 띌 것이다. 다양한 제목들의 유형들을 통해서 우리의 전자책을 더 잘 어필하고 잠재고객의 마음을 움직일 수 있는 제목을 완성해보자.

1) 문제를 제기하는 제목

> 1. 갈수록 어려워지는 내 집 마련
> 2. 연봉의 차이로 이어지는 퇴근 후 시간 관리법
> 3. 실패 없는 소셜미디어 마케팅
> 4. 앞으로 암호화폐 시장의 운명은

문제를 제기하는 제목은 말 그대로 고객이 가진 문제점을 직접적으로 언급하는 제목이다. 잠재고객들이 가진 문제를 상기시키거나 위기의식을 자극한다.

〈갈수록 어려워지는 내 집 마련〉이라는 제목을 보면 문제를 먼저 제기하면서 사람들의 관심을 유도한다.

〈연봉의 차이로 이어지는 퇴근 후 시간 관리법〉이라는 제목은 당장 하지 않으면 안 된다는 위기의식을 자극해서 사람들의 관심을 유도하고 있다. 당장은 문제가 되지 않지만 이대로 두면 큰 문제를 맞이할 것이라는 위기의식을 자극하는 것이다.

〈실패 없는 소셜미디어 마케팅〉이라는 제목은 실패라는 단어를 통해서 사람들의 관심을 자극한다.

이런 유형의 제목은 사람들의 손실 회피 성향을 자극하는 제목의 유형이다.

또 다른 문제를 제기하는 제목을 살펴보면 질문이나 궁금증을 유발하면서 자연스레 문제의식을 가지도록 자극하거나 현재의 상태와 구매자들이 되고 싶은 상태의 차이를 상기시키는 방법으로 잠재고객들로 하여금 문제를 인식하게 하는 유형의 제목들도 살펴볼 수가 있다.

〈앞으로 암호화폐 시장의 운명은〉이라는 제목을 통해서는 암호화폐의 불확실성에 대해서 사람들에게 문제의식을 느끼게 하고 주제에 대한 궁금증을 유발한다. 이 궁금증을 통해 사람들에게 해당 콘텐츠를 더 확인하고 싶어지게 하는 것이다.

이처럼 문제를 제기하는 제목은 잠재고객들이 가진 문제점을 직접적으로 떠올리게 하면서 관심을 유발하는 제목들이라고 볼 수 있다.

2) 공감을 담은 제목

> 1. 판매 부진으로 해고 위기의 영업사원이 판매 1위가 된 방법
> 2. 매일 반찬 고민하는 주부들을 위한 황금 레시피
> 3. 싱글들을 위한 오피스텔 이것이 다릅니다

두 번째 알아볼 제목의 유형은 공감을 담은 제목이다. 말 그대로 잠재고객들의 문제에 공감하는 표현을 통해서 보다 친숙한 느낌을 강조한다.

〈판매 부진으로 해고 위기의 영업사원이 판매 1위가 된 방법〉이라는 제목에서는 스토리가 포함되어 있다.

스토리에는 잠재고객들에게 추억이나 감정을 자극하는 효과가 있는데 이런 과정을 통해서 잠재고객은 더욱 우리의 상품에 몰입하게 된다.

〈매일 반찬 고민하는 주부들을 위한 황금 레시피〉이라는 제목은 조금 더 일상적이고 친근한 말을 통해서 잠재고객의 감정에 공감한다는 뉘앙스를 준다. 이러한 과정을 통해서 잠재고객은 판매자에게 보다 더 호감을 느낄 수 있다.

〈싱글들을 위한 오피스텔. 이것이 다릅니다〉라는 제목에서는 싱글이라는 공통된 집단을 등장시키면서 동질감을 형성하고 있다. 동질감을 강조하게 되면 자연스럽게 공감대를 형성하는 정보로 이어가는 것이다.

이처럼 공감을 담은 제목의 유형은 문제를 직접적으로 어필하거나 상기시키기보다 상대적으로 감정을 자극하면서 잠재고객들의 관심을 유도하는 제목이라 볼 수 있다.
모든 판매 행위에는 심리적 요소를 빼놓을 수 없다. 아무리 객관적으로 좋은 브랜드의 물건이라도 조금 더 친근하거나 따뜻함을 느끼는 브랜드에 왠지 더 마음이 가는 것처럼 말이다.
따라서 공감을 담은 제목의 요소들은 잠재고객들의 방어기재를 낮출 수 있는 제목의 유형이라고 볼 수 있다.

3) 해결책을 제시하는 제목

1. 부동산 투자 성공하는 5가지 스텝
2. 전 세계에 판매할 수 있는 아마존 활용 방법
3. 3개월 만에 매출을 2배로 만든 단순한 방법
4. 초보도 바로 따라 하는 SNS 마케팅

세 번째 제목의 유형은 해결책을 제시하는 제목이다. 말 그대로 잠재고객들의 문제를 해결할 방법이 이 상품에 있다는 점을 강조한다.

특히 전자책의 제목에서 가장 많이 찾아볼 수 있는 유형들인데 잘못 사용하면 다른 전자책들과 차별화되지 않은 뻔한 제목이 만들어지기 쉽기 때문에 잘 판단해야 할 제목의 유형이다.

중요 포인트를 지적하여 흥미를 유발하거나, 방법을 제시하거나, 간단한 과정만 거치면 잠재고객이 원하는 결과를 얻을 수 있음을 강조하여 잠재고객의 행동 문턱을 낮추는 문구들을 찾아볼 수 있다.

또한 많은 사람이 물건을 구매하거나 서비스를 구매할 때 가장 먼저 따져보는 가성비나 효율성을 강조하는 제목은 고객들이 다른 상품들과 비교를 할 때 더 효과를 본다. 때로는 논리보다 잠재고객들의 감정을 자극하고 비밀스러움을 강조하는 방법으로 조금 더 독창적인 제목을 만드는 방법도 효과적이다.

4) 특정 고객을 지목하는 제목

1. 온라인 개인 판매자들을 위한 디지털 마케팅
2. 차이를 아는 당신을 위한 스피치 강좌
3. 대학생을 위한 파워포인트 입문 해법서

네 번째 제목의 유형은 특정 고객을 지목하는 제목이다. 잠재고객들을 직접적으로 조준하는 제목이기 때문에 내 상품에 관심을 가질만한 사람들에게 효과가 좋은 제목의 유형이다.

〈온라인 개인 판매자들을 위한 디지털 마케팅〉이라는 제목은 고객의 범위를 온라인 개인 판매자로 처음부터 한정을 하고 있기 때문에 다른 사람들은 몰라도 디지털 마케팅에 관심이 있는 온라인 개인 판매자들은 관심을 보일 수밖에 없다. 온라인 개인 판매자가 아닌 사람들은 처음부터 눈길을 주지 않겠지만 온라인 개인 판매자라면 누구나 관심을 가질만한 제목이다.

〈차이를 아는 당신을 위한 스피치 강좌〉라는 제목은 잠재고객들을 특별한 사람으로 대우하면서 누구나 특별한 존재가 되고 싶어 하는 욕구를 자극한다.

특정 고객을 타깃하는 제목의 마지막은 수준을 명시하는 방법이다.

〈대학생을 위한 파워포인트 입문 해법서〉라는 제목은 파워포인트를 사용하는 대학생 중에서 입문단계의 지식을 필요로 하는 사람들을 지목하고 있다. 이처럼 전자책과 같이 지식이나 기술과 관련한 상품은 타깃의 수준을 미리 가정한 상태에서 상품을 기획하는 것이 훨씬 유리하다.

단, 애매한 수준인 중수를 직접적으로 타깃하게 되면 오히려 잠재고객의 범위가 모호해지기 때문에 주의가 필요하다.

5) 무의식을 자극하는 제목

> 1. 판매 전부터 난리 난 SNS 필살 비법
> 2. 경력 15년 현직 베테랑 마케터의 마케팅 이야기
> 3. 전 구글 직원이 알려 주는 구글만의 OO방법

사람들은 무의식에 의해서 행동한다는 말이 있는데 바로 이 부분을 자극하는 제목이다.

〈판매 전부터 난리 난 SNS 필살 비법〉이라는 제목은 판매가 되기 전부터 이미 유명하다는 점을 강조하면서 군중심리를 이용하는 제목이다.

흔히 사람들은 무엇을 고를지 모를 때 판매량이 높거나 후기가 좋거나 소문을 많이 들었던 물건을 소비하는 경우가 많다. 이처럼 대세의 흐름을 따르는 사람들의 심리를 이용한 제목이라

고 할 수 있다.

〈경력 15년 현직 베테랑 마케터의 마케팅 이야기〉이라는 제목에서는 강사의 전문성을 강조한 제목으로 사람들에게 신뢰를 주고 있다. 경력이 20년이고 현재도 활동하는 베테랑 마케터라면 그만큼 사회적 증거도 많이 있기 때문에 사람들은 상대적으로 쉽게 신뢰감을 쌓게 된다.

〈전 구글 직원이 알려 주는 구글만의 ○○방법〉이라는 제목은 위의 제목과 비슷한 종류라고도 볼 수 있는데 구글이라는 브랜드를 내세워 보다 권위가 있도록 만든 제목이라고 볼 수 있다.

사람들은 생각보다 권위에 약하다. 따지고 보면 이 사람의 현재 모습은 구글에서 퇴사하여 일반적인 회사생활을 하고 있거나 혹은 백수일 수도 있지만 전 구글 직원이라는 말은 왠지 이 사람을 특별하게 만드는 것이다.

특히 사람들은 구체적인 숫자에 끌리는 경향이 강하다. 만약 당신의 제목에서 특별한 수치나 비교가 필요한 경우에는 숫자를 적극적으로 사용해보자.

지금까지 설명한 제목의 유형을 외우거나 유형별로 깊게 파고 들어야 한다는 부담을 느낄 필요는 전혀 없다. 여러 제목의 유형들을 바탕으로 조합도 해보고 비슷한 의미의 다른 단어로 바꿔보면서 자신의 마음에 드는 제목을 만드는데 자유롭게 활용하면 된다.

만약 당신이 선택한 주제에 어떤 제목의 콘텐츠가 인기가 있는지 궁금하면 '판다랭크'https://pandarank.net/를 확인해보자. '판다랭크'에서는 키워드를 입력하면 해당 키워드와 관련된 콘텐츠들을 조회 수 순위로 알려 준다. 따라서 우리의 주제에서 어떤 콘텐츠들이 인기를 끌었는지 확인할 수 있고 사람들이 그 키워드에서 어떤 정보를 원하는지 간접적으로 파악해볼 수 있다.

미션 5 　제목 정하기

구분	내용
제목 1	
제목 2	
제목 3	
제목 4	
제목 5	

다양한 제목의 유형 중에서 당신의 주제를 잘 나타내고 잠재고객들의 관심과 흥미를 유발할 수 있는 제목들을 만들어보자.

너무 신중하게 생각하지 말고 처음에는 가볍게 여러개의 제목을 만드는 것을 추천한다. 그 이후 눈에 띄는 제목들을 골라내고 다듬으면서 완성해 나가자.

2. 눈에 띄는 썸네일 만들기

　썸네일이라는 말을 한 번은 꼭 들어보았을 것이다. 바로 우리의 콘텐츠를 표현하는 한 장의 이미지이다. 그 이미지 속에는 우리의 콘텐츠를 유추할 수 있는 이미지나 텍스트를 사용하여 사람들의 관심과 클릭을 이끌어내야 한다.

　실제로 수많은 유튜버들이 한 편의 콘텐츠를 만들 때 영상보다 썸네일에 쏟는 시간이 더 많다고 하는 경우도 있다. 그만큼 썸네일은 클릭을 결정하는 중요한 요소이기에 전자책에서도 큰 비중을 차지한다. 물론 유튜브보다는 경쟁이 덜 치열하겠지만 우리는 항상 다른 전자책들 사이에서 돋보여야 한다. 그래야 우리보다 먼저 시장에 진입한 전자책과 우리의 후발주자로 시장에 진입할 전자책을 상대할 수 있다.

　당신도 '크몽'에서 전자책을 둘러보면 느낄 것이다. 썸네일이 어설프다면 절대 클릭하고 싶은 마음이 들지 않는다. 썸네일은 단순히 눈에 띄는 것뿐 아니라 잠재고객들에게 우리의 전자책을 직관적으로 전달할 수 있어야 한다. 하지만 이게 어디 말처럼 쉬운 일인가? 잘나가는 유튜버들조차 가장 어렵다고 하는 것이 썸네일인데 말이다.

게다가 썸네일을 직접 만들어 본 경험이 없는 사람들에게는 여간 어려운 일이 아닐 수 없다. 따라서 다음에 소개할 썸네일의 요소들을 살펴보면서 잠재고객의 클릭을 부를 수 있는 우리만의 썸네일을 만들어보자.

1) 좋은 썸네일이란

글자 인식의 차이 + 어떤 상품인지 명확한 메시지

 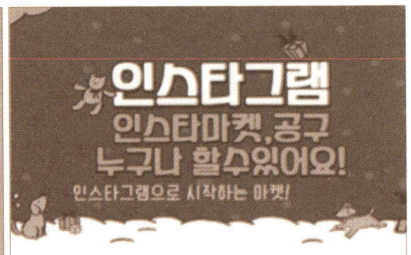

(이미지 출처 : 크몽)

썸네일을 단순하게 이미지라고만 생각하면 안 된다. 썸네일은 이미지나 배경을 바탕으로 텍스트를 통해서 메시지를 전달해야 한다.

왼쪽에 보이는 썸네일과 같이 상품에 대한 직관성이 떨어지고 글자에 대한 인식이 떨어지면 사람들은 귀찮아서 더는 시선을 주지 않는다. 반대로 오른쪽의 이미지처럼 부담 없는 배경 그림과 직관적인 글자를 조합하면 한눈에 상품에 대한 내용을 인지할 수 있는 것이다.

당신은 두 장의 썸네일 중에 어떤 썸네일의 글자가 눈에 잘 들어오는가? 대다수 사람은 오른쪽의 썸네일을 선호할 것이다. 이렇듯 좋은 썸네일은 보기 쉬우면서 메시지 전달이 명확해야 한다.

이미지 활용의 예시(어떤 이미지가 직관적으로 전달되는가?)

(이미지 출처 : 크몽)

이번엔 이미지를 활용하는 방법에 대해서 알아보자. 왼쪽의 썸네일은 무엇에 대한 썸네일인지 도저히 알 수가 없다. 놀랍게도 실제로 크몽에 올라와 있는 썸네일이다. 아무런 글자도 없고 무엇에 대한 전자책인지 이미지를 봐도 도무지 감이 오지 않는다.

반대로 오른쪽의 썸네일은 어떤가? 아주 단순하고 심플하지만 이미지를 너무나 잘 활용했다. 깔끔하게 핵심을 정확히 전달하는 텍스트와 직관적인 이미지가 조합되어 한눈에 상품에 대한 메시지가 전달된다.

이런 썸네일은 배달 창업에 관심이 없는 사람들도 궁금증을 가질 만한 썸네일이 된다. 이렇듯 이미지를 사용하는 것은 매우 신중해야 한다. 그저 마음에 드는 사진이나 분위기 있는 사진을 사용한다고 좋은 썸네일이 될 수 없다.

2) 이미지는 신중하게 사용하자

(이미지 출처 : 크몽)

　좋은 썸네일을 만들기 위해서는 먼저 시선을 분산시키거나 상품의 핵심내용과 관계없는 불필요한 이미지 사용은 피하는 것이 좋다.
　위의 예시 이미지는 주제와 전혀 관련이 없는 이미지를 사용했다. 저런 이미지를 사용하기보다 차라리 텍스트가 더 돋보이도록 구성을 했으면 내용 전달이라도 더 잘 됐을 텐데 하는 아쉬움이 남는 썸네일이다.
　이미지를 사용했다면 그 이미지를 통해 이득을 봐야 하지만 위의 썸네일은 이미지를 통해 이득을 본 것이 없다.

다음 썸네일은 주제와의 연관성도 딱히 있어 보이지 않으면서 글자에 대한 인식도 불편한 썸네일이다.

이미지의 배경 색상과 글자의 색이 서로 인식을 어렵게 만들고 있다.

잠재고객들은 억지로 읽으려 하지 않는다. 이런 방식의 썸네일을 사용할 바에는 그냥 검은색 배경에 하얀색이나 노란색 글자로 당신의 전자책 제목을 써 놓는 것이 더 나을 수도 있다.

(이미지 출처 : 크몽)

3) 글자는 확실히 눈에 띄게 만들자

글자가 명확하게 눈에 띄도록 작성하기 위해서는 색과 폰트 두 가지를 신경 써야 한다.

아무 색깔이나 넣어서 화려하게 만든다고 눈에 띄는 것이 아니다. 각각의 색깔에 따라 서로를 도와주는 색이 있고 방해하는 색이 있다. 따라서 우리의 썸네일이 어떤 색의 구성을 가지는지에 따라 글자의 색도 고민을 해봐야 한다.

두 번째는 글자의 폰트다. 블로그를 보다 보면 손글씨체나 다소 귀여운 글씨체를 사용하는 분들을 특히 많이 볼 수 있다. 그러나 썸네일에서는 절대로 사용하지 않기를 바란다.

어떤 글자가 잘 보이나요?	어떤 글자가 잘 보이나요?	어떤 글자가 잘 보이나요?
어떤 글자가 잘 보이나요?	어떤 글자가 잘 보이나요?	어떤 글자가 잘 보이나요?

블로그 글 같은 경우에는 정보를 얻기 위해 억지로 참고 글을 읽을 수는 있으나 썸네일에서는 잠재고객들이 모두 도망가 버릴 수도 있다.

만약 무슨 말인지 이해가 잘되지 않는다면 A4용지 한 페이지 분량의 똑같은 글을 고딕체와 손글씨체로 따로 만들어서 한번 읽어보라. 두 문서를 읽는데 체감되는 피로도가 확 느껴질 것이다.

가독성이 가장 좋은 글씨체는 단연 고딕체 계열이다.

잠재고객들의 시선을 빨리 잡아채고 싶다면 글씨체를 단순하고 명료하게 설정하자. 우리가 만드는 썸네일은 잠재고객들의 눈을 멈추게 만들어야 한다.

당신이 매력을 느끼거나 시선을 뺏긴 썸네일이 있다면 우리의 잠재고객도 그럴 확률이 매우 높다. 많이 둘러보고 당신이 벤치마킹할 썸네일들을 골라보자.

그 썸네일들의 요소를 따라서 만들어보자. 가장 빠른 성장의 길은 벤치마킹이다.

4) 크몽에서 사용할 수 있는 썸네일 만들기

이번에는 크몽을 기준으로 썸네일의 기준을 알아보자. 크몽에서는 4:3 비율을 권장하고 있다. 이 비율로 썸네일을 만들어야 잘리는 부분 없이 우리의 썸네일을 모두 노출할 수 있다.

크기는 652x488픽셀이며 jpg 혹은 png 형식의 이미지 파일을 사용할 수 있다. 단, gif와 같은 움직임

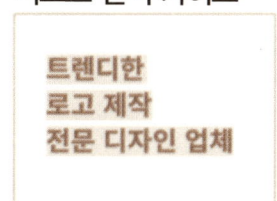

(이미지 출처 : 크몽)

이 있는 형식은 사용할 수 없다.

크몽 사이트 4:3 (652x488)　　　페이스북 1:1 (488x488)

GOOD!
서비스를 어필할 만한 콘텐츠는 1:1 비율(최소 488 x 488픽셀)안에 삽입하시는 것을 권장해드립니다.

크몽 사이트 4:3 (652x488)　　　페이스북 1:1 (488x488)

BAD
1:1 비율(최소 488 x 488픽셀)이 초과되면, 이미지 내 콘텐츠가 잘려보일 수 있습니다.

(이미지 출처 : 크몽)

　　참고 사항으로 크몽에 판매 등록된 우리의 전자책을 SNS를 포함한 다른 플랫폼에서 홍보할 경우 필요한 내용이다. SNS나 블로그 등에서 미리보기에 사용되는 비율은 주로 1:1 비율이다.

하지만 크몽의 썸네일은 4:3 비율을 사용한다. 따라서 우리의 썸네일이 다른 플랫폼에 노출이 되었을 때도 텍스트가 모두 보일 수 있도록 해야 한다.

텍스트를 좌우에 배치하기보다 예시 이미지처럼 1:1 비율을 고려해서 위치를 판단해야 한다.

이처럼 각 플랫폼이나 SNS의 기준은 다를 수 있다. 그렇기 때문에 각 플랫폼이나 SNS의 이미지 비율이나 형식을 알아야 시행착오 없이 우리가 원하는 썸네일을 만들 수 있다.

기준을 모르고 만들다 보면 같은 이미지를 여러 번 다시 만들어야 할 수도 있다.

5) 미리캔버스를 이용해 썸네일 만들기

미리캔버스는 사용법이 간단하고 무료이기 때문에 한번 사용 방법을 알아두면 활용할 수 있는 범위가 아주 많다.

게다가 무료 이미지와 폰트도 다양해 선택의 폭이 넓고 디자인 능력이 뛰어나지 않아도 수많은 템플릿들을 목적과 용도에 맞게 사용할 수 있어 초보자들에게도 부담이 없으며 따로 설치할 필요 없이 온라인상에서 모든 작업이 가능하기 때문에 더 활용도가 높다.

이번 단락에서는 미리캔버스를 이용해 썸네일을 만드는 방법에 대해 설명할 예정이지만 글과 이미지만으로는 사용방법에 대한 자세한 설명이 어려워 직접 녹화한 동영상 링크 첨부로 이번 단락을 대신한다.

https://youtu.be/lOv6JZkaVA0

미션 6 썸네일 만들기

당신만의 썸네일을 만들자

 썸네일을 만들어보자. 어렵다면 영상에서 설명한 바와 같이 여러 템플릿을 참고하자.

 주의할 점은 너무 여러 가지를 강조하려 하지 말고 핵심이 잘 드러나고 글자가 눈에 잘 띄도록 해야 한다는 점이다.

 미리캔버스를 통해서 당신만의 썸네일을 자유롭게 만들어보자.

3. 전문가다운 전자책 표지와 3D 목업 이미지 만들기

전자책 표지 이미지

3D 목업 이미지

　위의 이미지를 보면 일반적인 썸네일보다 조금 더 깔끔하고 고급스러운 이미지를 보인다. 이유는 간단하다. 더 책에 가까운 인상을 심어주기 때문이다.

　단지 이미지일 뿐이지만 우리의 전자책이 조금 더 책의 이미지를 갖게 되고 3D 목업 이미지는 이를 더욱 심화시킨다. 따라서 전자책 표지와 3D 목업 이미지 역시 우리가 가볍게 넘길만한 주제가 아니다.

　우리의 잠재고객들에게 우리가 조금 더 전문가다운 이미지를 가지고 신뢰를 심어주기 위해 이번 단락에서는 전자책 표지와 3D 목업 이미지를 만드는 방법에 대해 알아보자.

먼저 전자책의 표지는 지난 단락에서 언급한 미리캔버스 사이트를 이용해 간단하게 만들 수 있다.

(이미지 출처 : 미리캔버스)

먼저 템플릿에서 책 표지 혹은 북커버를 검색하여 마음에 드는 템플릿을 찾아보자. 마음에 드는 템플릿이 없다면 비교적 단순한 구성의 표지를 골라 썸네일을 만들었던 요령대로 표지를 만들어보자. 이후 본인의 마음에 드는 디자인이 완성되었다면 jpg 혹은 png로 저장.

이 이미지는 우리 전자책의 첫 페이지가 될 것이다. 말 그대로 우리 전자책의 표지가 되는 것이다. 만약 크몽이나 블로그 등에서 마음에 드는 책 표지를 본 적이 있다면 적극적으로 벤치마킹 해보자.

이제 다음으로 3D목업 이미지를 만들어 볼 것이다. 방법은 아주 간단하니 그대로 따라 하기만 하면 된다. 먼저 다음 링크의 사이트에 접속한다.

https://diybookcovers.com/

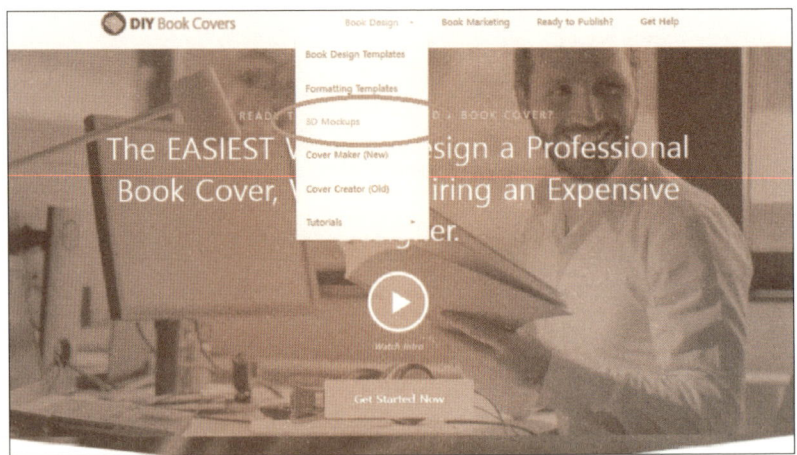

(이미지 출처 : diybookcovers 홈페이지)

위 사이트는 북커버 이미지를 무료로 3D 목업 이미지로 변환해주는 사이트다. 다양한 효과나 그래픽 작업 말고 깔끔하고 기본적인 3D 목업 이미지가 필요한 우리에게 적합하다.

첫 화면에서 반갑게 우리를 맞이해주며 이 사이트에 대해 알려주려 하지만 그냥 무시하고 아래 원 안의 목업 버튼을 누르자.

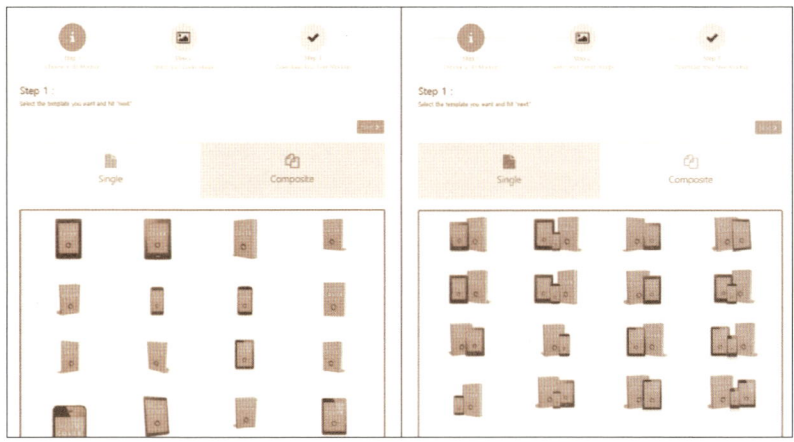

첫 번째 단계에서는 어떤 형식으로 3D 목업 이미지를 만들지 선택한다. 왼쪽의 이미지처럼 태블릿, 스마트폰, 책 중 한 가지 종류의 형식으로 만들거나 오른쪽의 이미지처럼 다양한 종류를 조합한 이미지 중 한 가지를 선택해야 한다.

한 번에 만들 수 있는 이미지는 한 가지이기 때문에 여러 종류의 이미지를 만들고 싶다면 이 단락에서 설명하는 방법으로 다른 종류의 이미지 형식을 선택하여 여러 번 반복하면 된다.

3D 목업 이미지는 SNS나 블로그에 우리의 전자책을 소개하는 글을 쓰거나 여러 플랫폼에서 홍보, 광고 등을 하게 될 때 자주 활용될 가능성이 높다. 따라서 여러 형식의 이미지들을 미리 만들어두면 나중에 활용하기에 좋다.

두 번째 단계에서는

Browse를 클릭하여 만들고자 하는 전자책 표지 이미지를 선택.

Upload를 클릭하여 이미지 업로드.

업로드 알림창이 100%가 되면 위의 [Next] 버튼 클릭.

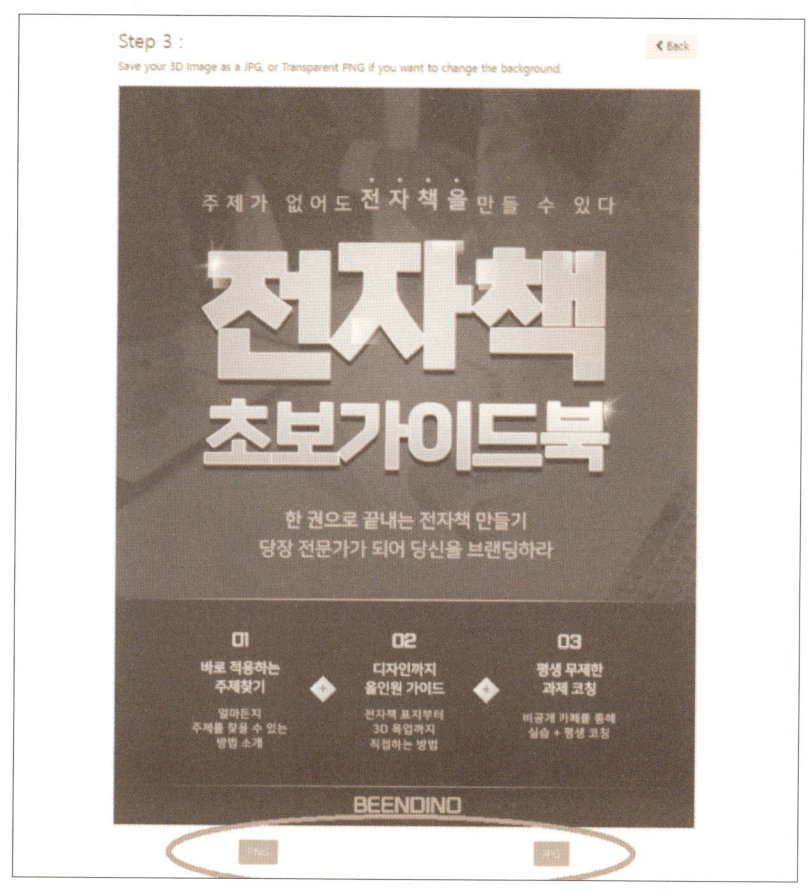

세 번째 단계에서는 **PNG**와 **JPG** 중 원하는 파일 형식을 선택한다. 별도의 다운로드 버튼 없이 원하는 파일 형식을 클릭하면 자동으로 다운로드가 완료된다.

이렇게 아주 간단하고 빠르게 이번 단락의 맨 앞에서 설명한 3D 목업 이미지를 만들 수 있다.

| 미션 7 | 표지+3D 목업 만들기 |

전자책 표지	3D목업

    전자책의 표지를 만들어보자. 방법은 간단하다. 우리의 전자책이 조금 더 전문적이고 신뢰가 갈 수 있도록 만드는 데 생각보다 그리 어려운 기술이 필요하지 않다.

    한 번의 실행을 통해 다음에도 언제든 활용할 수 있는 능력을 갖출 수 있다.

4. 워터마크 삽입과 PDF 파일로 변환하기

이제 우리의 경험과 지식 그리고 노력이 담긴 문서를 전자책답게 마무리 지어보자.

전자책은 파일이라는 특성상 무단 배포와 도용, 복제에 대한 리스크가 항상 존재한다. 이러한 부분들에 대해 저작권법으로 보호를 받을 수 있지만 무단 배포에 대해 실시간으로 감시가 어려운 것이 현실이기 때문에 우리는 전자책 내에 저작권법 명시와 더불어 워터마크를 삽입해 무단 도용에 대비하는 것이 좋다.

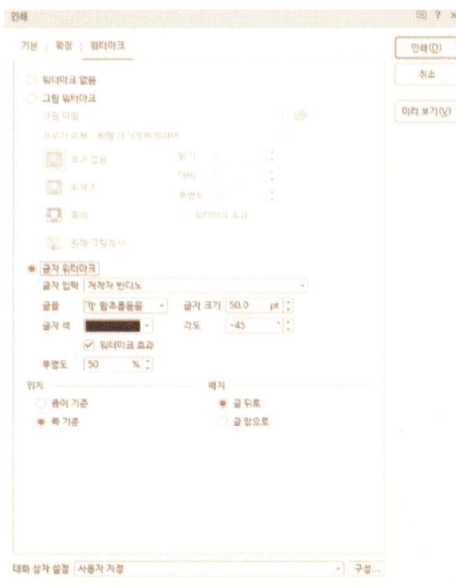

방법은 간단하다. 한글 프로그램을 기준으로 인쇄 버튼을 눌러보자.

인쇄 창에서 워터마크를 누르면 우리가 원하는 문구로 워터마크를 삽입할 수 있는 설정창이 나타난다. 이곳에 우리가 원하는 문구를 넣고 글꼴과 크기를 설정하자.

이때 워터마크는 글 뒤로 배치해야 사람들이 읽었을 때 불편을 느끼지 않을 수 있다. 또한 투명도를 잘못 조정하여 워터마크가 너무 진하게 설정되어도 글을 읽는 데 방해가 될 수 있으니 참고하자.

원하는 설정이 완료되었으면 [인쇄] 버튼을 누른다. 이때 원하는 이름으로 PDF 파일명 설정이 가능하니 우리가 정한 제목을 입력하자.

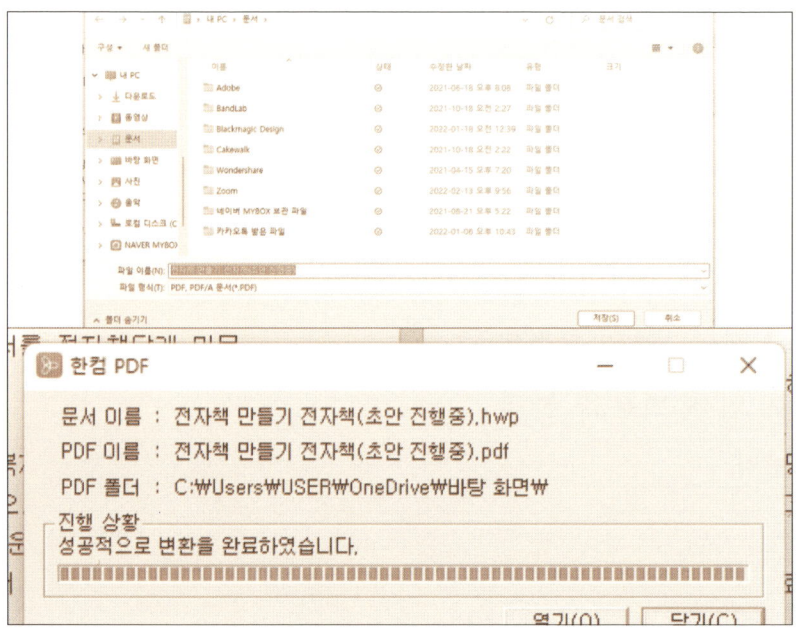

> 주기 위해 이 단락을 준비했다.
>
> 전자책을 본격적으로 작성하기 전 이 단락을 꼭 읽어보기를 바란다. 전자책에 대한 전반적인 이해와 더불어 당신이 쓸 전자책의 방향성을 위해 꼭 필요한 단락일 것이다.

    초안이 완성되었으면 워터마크의 위치나 크기, 투명도 등을 확인하고 수정할 사항이 있는지 검토한다.
    수정 사항을 모두 검토했다면 수정했던 파일들은 모두 삭제하고 최종본 파일만 남겨두고 이제 본격적으로 우리의 전자책을 판매할 준비를 시작하자.

Check Point

☐ 내 잠재고객이 흥미를 느낄 제목인가?

☐ 내 썸네일을 다른 판매자들과 비교했는가?

☐ 전자책 표지의 글자는 눈에 잘 띄는가?

☐ 본문에 저작권법을 명시하였는가?

☐ 잠재고객이 읽기 편하게 구성되었는가?

내 전자책을 상품으로 만들자

지금까지 우리는 우리의 경험과 지식에서 출발해 멋진 포장지까지 씌운 전자책이라는 물건을 만들어 냈다. 아는 것에 그치지 않고 실행과 노력을 통해 우리의 첫 전자책을 만들어 낸 것이다.

이제는 우리의 물건이 필요한 사람들에게 우리의 물건을 판매할 본격적인 준비를 시작해야 한다. 우리의 PDF 파일을 상품으로써 판매할 준비를 하는 것이다.

당신은 쿠팡이나 네이버에서 물건을 고를 때 어떤 것에 중점을 두고 물건을 골라 바로 구매 하는가? 이번 단락에서는 이 물음을 머릿속에 지닌 채로 책을 읽으며 중간중간 꺼내어 떠올려보자.

　과거에 당신의 마음을 사로잡았던 그 물건들은 어떻게 당신을 설득하고 구매 버튼을 누르게 했을까?

　우리의 잠재고객들은 지금 어떤 문제를 해결하고 싶어할까?

　우리의 잠재고객들은 지금 어떤 생각을 하고 있을까?

　우리의 잠재고객에게 우리의 상품을 구매하도록 만들기 위해서 우리는 어떤 일을 해야할까? 이번 마지막 챕터를 통해서 우리의 PDF 파일을 상품으로 만들고 플랫폼을 통해 판매를 시작해보자.

1. 판매를 결정하는 상세페이지 글쓰기

이 전자책의 앞부분에서 우리는 잠재고객을 파악했고 그들이 가진 문제와 그들의 현재 모습을 설정했다. 따라서 우리는 우리의 잠재고객들이 처한 상황과 그들이 해결하고자 하는 부분들을 떠올릴 수 있다.

하지만 그것만으로는 부족하다. 우리는 잠재고객들에게 왜 우리의 전자책을 구매해야 하는지를 효과적으로 설명해야 한다. 그 과정을 통해서 우리는 그들에게 신뢰를 얻어야 하며 그 신뢰를 바탕으로 구매를 이끌어내야 한다.

전자책의 상세페이지는 일반적인 물건을 판매하는 상세페이지와 달리 이미지보다는 글을 위주로 구성된다. 따라서 우리는 단순하게 우리의 상품을 설명하기보다 잠재고객들의 마음을 열고 다가가 친밀감을 형성하고 신뢰를 주어야 한다.

이번 단락에서는 고객이 우리의 상세페이지를 읽는 과정에서 필요한 요소들을 설명한다. 각각의 요소들은 필요에 따라 한 문장 또는 한 문단으로도 구성할 수 있다. 즉 우리가 강하게 어필할 수 있는 부분에서는 조금 더 힘을 주어 어필하고 그렇지 못한 부분에 대해서는 힘을 **빼**는 것이다.

다음에 설명할 여러 요소를 잘 살펴보고 잠재고객을 확정고객으로 만들 당신만의 상세페이지 글을 만들어보자.

1) 계속 읽고 싶게 만들자

(이해를 돕기 위한 예시는 블로그를 설명하는 전자책으로 가정했다.)

첫 번째로 강조할 요소는 잠재고객들이 우리의 상세페이지를 계속 읽게 만들어야 한다는 점이다. 예를 들어 우리의 상세페이지가 흔하디흔한 자기소개서처럼 다음과 같은 식으로 작성되어 있다면 당신이라도 끝까지 읽기 싫어질 것이다.

"저는 어려서부터 엄격한 아버지와 자상한 어머니 사이에서 자라 왔으며…… 중학교 때는 부회장을 역임하고 고등학교 때는…… 소극적인 성격이지만 맡은 일에는 최선을 다해……."

따라서 우리의 상세페이지는 잠재고객들이 공감하고, 흥미를 가지고, 호기심을 가질 수 있도록 해야 한다. 즉 첫 번째 문단을 읽으면 두 번째 문단을 읽고 싶어지게 해야 한다는 말이다.

아무리 좋은 정보를 담았다 하더라도 자기 자랑만 늘어놓은 글이거나 지루하기 짝이 없는 글은 잠재고객들을 오래 붙잡아두지 못한다. 따라서 고객들이 흥미를 느낄만한 우리 전자책의 장점이나 스토리를 풀어가면서 잠재고객들이 우리의 상세페이지를 끝까지 읽을 수 있도록 구성해야 한다.

우리가 아무리 정성을 다해 작성한 글이라도 잠재고객의 흥미를 유발하지 못한다면 그 글은 누구도 보게 되지 않을 것이다.

2) 잠재고객의 문제를 떠올리게 하자

두 번째 요소는 잠재고객이 가진 문제점을 우리가 먼저 제기하면서 잠재고객들로 하여금 우리의 전자책이 왜 그들에게 필요한지를 상기시키는 것이다.

이 부분에서는 잠재고객이 현재 겪고 있는 문제가 무엇인지, 해결하지 못하는 이유가 무엇인지, 그로 인해 발생하는 문제점들은 어떤 것이 있는지 등을 제시한다.

이러한 과정을 통해서 잠재고객들은 자신의 문제에 대해 한 번 더 생각하게 되고 자신이 미처 생각하지 못했던 문제들 떠올리게 될 수도 있다.

우리가 잠재고객이 가진 문제점을 제시하면 잠재고객은 자신의 문제로 인한 위기의식을 가지게 된다. 따라서 우리에게 그 문제에 대한 해결 방법이 있는지, 어떻게 해결할 수 있는지를 궁금하게 만드는 과정이다.

특히 이 부분에서는 질문을 사용하는 것이 효과적이다.

> - 블로그. 언제까지 의미 없는 1일 1포스팅만 하고 계실 건가요?
>   당신의 이웃들이 하루가 다르게 방문자가 늘어나는 모습을 부러워만 하고 계실 건가요?
> - 언제까지 의미 없는 1일 1포스팅으로 디지털 노가다만 하고 계실 건가요?
>   포스팅 하나를 하더라도 방문자수가 증가하는 기적을 원하나요?

이처럼 질문을 하게 되면 잠재고객은 무의식적으로 이 질문에 대한 답을 떠올리며 자신의 문제에 대해 더욱 집중하게 된다. 따라서 효과적으로 고객의 문제를 상기시키기 위해서는 우리의 잠재고객이 느낄 불안함이나 위기의식, 자존심 등의 감정을 자극하는 것이 중요하다.

불안, 위기, 자존심 등의 감정이 자극되면서 잠재고객은 자신이 가진 문제에 따른 고통을 더욱 해소하고 싶어지기 때문이다. 심리학 연구에 따르면 사람들은 이득에서 얻는 만족의 크기보다 손실을 통해 얻어지는 고통을 더욱 크게 느낀다고 한다.

고객의 문제를 제기할 때는 그들이 가진 문제와 고통을 해소하고 싶은 욕구에 집중하자.

3) 잠재고객과 공감대를 형성하자

> - 저도 한때는 맹목적인 1일 1포를 하며 제자리걸음만을 하였습니다.
>   같은 시기에 블로그를 시작한 이웃이 인플루언서가 되는 모습을 지켜보며 부러움과 질투를 느끼기도 했습니다.
> - 방문자가 많은 블로그를 아무리 분석해도, 답방과 체류 품앗이를 아무리 해도 제 블로그의 성장에는 늘 한계가 있었습니다. 그렇게 지쳐서 포기한 블로그만 5개가 넘었습니다.
> - 블로그를 한답시고 컴퓨터 앞에 오래 앉아있으면 "성과도 못 내는 걸 왜 저렇게 고집을 피우냐."는 가족들의 따가운 시선이 느껴졌습니다.

현재 잠재고객이 가진 문제를 과거에 우리도 겪었으며 그로 인해 어떤 어려움을 겪었는지를 설명하면서 잠재고객에게 공감을 주고 심리적인 유대감을 형성한다.

잠재고객들은 기본적으로 의심을 가지고 우리의 상품을 살펴본다. 따라서 심리적인 벽을 허무는 유대감 형성은 잠재고객들에게 친밀감을 통한 신뢰 형성에 큰 영향을 준다.

예를 들어보겠다.

① 우리가 처음 가 본 병원에서 만난 의사가 우리의 증상을 설

명 듣고 별다른 대화 없이 진단을 내린다.

②우리가 처음 가 본 병원에서 만난 의사가 우리의 증상을 설명 듣고 그 증상에 대해 자신도 똑같은 증상을 겪은 적이 있고 어떤 점이 힘들었으며 지금 우리의 고통이 어떠할지 공감하며 진단을 내린다.

만약 당신이라면 어떤 의사에게 더 마음이 기우는가? 물론, 두 의사의 진단이 같을 수도 있고 오히려 2번 의사의 진단과 처방이 안 좋을 수도 있다. 그러나 대부분의 사람은 2번 의사의 병원을 선호할 것이다.

이렇듯 사람들은 감정을 통해 구매하는 경향이 강하다. 그러므로 잠재고객들과 공감대를 형성하고 유대감을 가지는 것은 매우 중요하다. 잠재고객이 현재 겪고 있는 고통은 과거 우리가 겪었던 고통임을 설명하고 공감대를 형성하자.

또한 이 부분은 잠재고객과 같은 상황에서도 이 문제를 해결할 수 있다는 용기와 믿음을 준다. 그리고 그 믿음과 용기의 주체는 우리가 된다.

이제 그들에게 본격적으로 신뢰를 주자.

4) 잠재고객에게 신뢰를 주자

이제 잠재고객들은 우리에게 조금은 마음을 열었을 것이다. 그러면서도 한편으로는 우리가 어떻게 자신들의 문제를 해결할 수 있다는 것인지 지켜보자는 생각을 할 수도 있다.

신뢰를 구축하기 위해서는 우리가 잠재고객의 문제를 왜 도울 수 있는지, 우리가 그 문제를 해결해서 어떤 성과를 만들어 냈는지, 더 나아가서 우리가 다른 사람들의 문제를 어떻게 해결해줬으며 그들의 모습은 현재 어떠한지 등을 설명한다.

> - 저는 블로그의 근본적인 부분부터 하나씩 파헤치기 시작했습니다.
>
> 방문자 유입을 위한 키워드를 연구하기 시작했고 이 연구만으로 불과 2주 만에 방문자 수가 하루 평균 100명에서 2,000명으로 늘어났습니다.
>
> 이후 검색 상위 노출과 체류시간 증가의 노하우가 더해지면서 현재는 매일 7,000명 ~ 10,000명의 방문자를 유지하고 있습니다.
>
> 저는 이 내용들을 하나씩 블로그를 통해 전달하기 시작했고 저의 방법을 조금씩 적용한 이웃들은 하나같이 폭발적인 블로그 성장을 경험했습니다.
>
> '블로그 방문자 통계 그래프 삽입'
> '이웃들 후기 혹은 댓글 삽입'
>
> 지금은 블로그를 주제로 한 유료 단톡방도 운영하며 수익을 얻고 있습니다.

사회적 증거의 대표적인 요소로는 후기, 수익인증, 블로그 방문자 수 통계 등이 있다.

만약 당신에게 사회적 증거가 부족하거나 필요한 경우라면 전자책을 빠르게 1차로 완성 후에 블로그나 SNS 등을 통해서 전자책을 무료로 배포하자.

전자책에 대한 피드백을 얻어 전자책을 더 발전시킬 수도 있고 귀한 후기들을 얻을 수도 있을 것이다.

5) 내 상품의 차별성을 알리자

다른 전자책과 우리의 전자책이 무엇이 다른지를 제시한다. 우리가 앞서 전자책을 쓰기 전 시장조사를 진행했듯이 이미 전자책 시장에서 우리와 비슷한 주제의 전자책이 판매되고 있을 것이다. 그렇다면 잠재고객들이 왜 굳이 우리의 전자책을 구매해야 하는지를 알려야 한다.

이 부분에 대한 해답은 이미 시장조사를 통해 우리가 알고 있어야 한다. 다른 전자책과 무엇이 다른지, 어떤 부분이 특화되어 있는지, 왜 우리의 전자책이 더 나은 선택인지를 말해야 한다.

예를 들면 초보들에게 더 적합한 전자책이라든지, 특정 주제의 전자책 중에 우리의 전자책은 어떤 부분을 더 핵심적으로 다뤄서 효율적인 문제 해결을 이끌어내는지 등 우리 전자책만의 차별점을 알려줘야 한다.

이 부분에서는 일반적인 글을 통해 설명할 수도 있으며 자주 묻는 질문이나 Q&A 형식의 방법으로 어필할 수도 있다.

> - 블로그에 대한 전자책은 너무나 많습니다.
> 이 전자책이 그 모든 전자책 중에 최고의 책이라고는 말하지 않겠습니다.
>
> 다만 지금 여러분이 겪고 있는 문제의 근본인 블로그에 대한 기본적인 이해와 로직, 알고리즘부터 방문자 수, 상위 노출에 대한 단계별 성장 방법까지 블로그를 시작하는 단계부터 하루 방문자 5,000명을 달성하는 수준까지의 가장 빠른 핵심 비법을 담았습니다.

> Q. 블로그로 월 천만 원 벌게 해주는 책인가요?
> A. 이 전자책만으로 월 천만 원을 벌 수는 없습니다. 다만 이 전자책이 월 천만 원을 만들 수 있는 핵심 재료가 되어 줄 수는 있습니다.
>
> Q. 블로그를 한 번도 안 해보았는데 저 같은 사람도 가능한가요?
> A. 네. 이 전자책은 블로그 입문자부터 바로 적용할 수 있는 정보들을 담았습니다. 블로그가 처음이신 분들도 모두 이해하고 따라 하실 수 있습니다.

이처럼 우리의 전자책이 어떤 차별점을 가지고 있으며, 어떠한 부분에서 도움을 줄 수 있을지 잠재고객들에게 알려주자. 다만 이 부분에서 너무 힘이 들어가 과장을 하거나 자신의 타깃 잠재고객을 넘어 더 큰 범위의 고객에게 어필하게 되면 구매자 중 우리의 타깃이 아닌 사람들은 불만을 가질 수도 있다.

이는 후기에 악플이 달릴 수도 있는 사안인 만큼 정확하게 전달하기 위해 주의를 기울여야 한다.

6) 가격이 합리적임을 알리자

전자책의 가격은 천차만별이다. 게다가 플랫폼에서 판매를 하게 된다면 다른 전자책들과 가격경쟁을 피할 수 없다. 따라서 우리의 전자책이 고가의 전자책과 비교해서 무엇이 나은지, 저가의 전자책과는 무엇이 다른지, 왜 우리의 전자책 가격이 적절한지에 대해 알려야 한다.

이 부분에서는 가격과 마찬가지로 시간이나 노력의 요소들을 함께 사용하여 우리의 전자책을 구매하는 것이 가장 효율적이고 저렴한 선택이라는 것을 어필해도 좋은 효과를 얻을 수 있다.

사람들은 누구나 본인이 지불한 금액보다 더 큰 이익을 얻기 원한다. 그렇기 때문에 이 부분을 신경 쓰면서 가격에 대한 설명을 풀어나가는 것이 중요하다.

- 그러나 이 전자책의 가격은 이 전자책이 가진 정보와 비례하지 않습니다.

유명 블로그 강사들의 전자책이 저렴하다고 느껴지나요? 전자책을 제외하고 피드백을 위한 단톡방 입장료는 10만 원이 넘습니다.

저가의 전자책들은 어떤가요?
단순히 전자책만을 제공합니다. 1:1로 문의를 하거나 피드백을 얻을 수 있는 채널이 없습니다.

이 전자책은 두 가지의 단점을 모두 보완했습니다.
0만 원의 가격에 단톡방 입장 및 지속적인 피드백을 드립니다.

유명 블로그 강사의 전자책
전자책(3만 원) + 블로그 단톡방 입장(10만 원)

vs

전자책 + 블로그 단톡방 + 무한 피드백 = (0만 원)

이처럼 가격에 대한 부분도 다양한 방식을 통해 잠재고객들에게 어필할 수 있다.

우리의 전자책이 고객에게 가장 가성비 좋은 선택지라는 것을 인지시키고 그들이 지불한 금액보다 더 많은 것을 얻어갈 수 있다는 것을 강조하자.

7) 잠재고객의 망설임을 제거하자

아마 이 단계까지 읽으면서도 망설이는 잠재고객들이 많을 것이다. 그럼 우리가 먼저 기습적으로 그들의 망설임을 이용하자. 당신도 마찬가지겠지만 우리가 물건을 구매할 때 한 가지의 물건만, 한 번만 보고서 구매를 하는 경우는 별로 없다. 여러 가지 상품들을 비교하면서 더 나은 선택을 위한 고민을 한다.

"사이즈가 안 맞으면 어쩌지?"
"색이 화면과 다르면 어쩌지? 후기가 거짓말이면 어쩌지?"
"일주일 만에 고장 나는 건 아닌가?"

우리의 잠재고객들도 마찬가지다. 우리의 잠재고객들은 마음속에 항상 방어기재를 가지고 우리의 글을 읽을 것이다. 따라서 그 방어기재를 없애줄 수 있는 글을 써야 한다. 잠재고객이 머릿속으로 구매를 고민하는 부분을 우리가 먼저 제시하고 그 고민에 대한 답변을 주는 것이다.

앞서 우리가 설정한 잠재고객이 고민하고 의심하는 것은 무엇일까? 당신이라면 어떤 부분에서 고민을 하게 될까?

잠재고객의 입장에서 고민해보자.

> - 블로그에 대해 형식적이고 뻔한 말만 늘어놓은 전자책이 아닙니다.
>   실제 적용한 사례들과 그로 인한 결과들을 실제로 보여드리고 바로 적용이 가능한 방법을 제시해 드립니다.
> - 주제가 특이해서 유입이 적은 경우에도 모두 해결 방법이 있습니다.
>   그들이 공개하지 않았던 방법들도 함께 담았습니다.

8) 긴급성과 희소성으로 마무리하자

이 요소는 모두 알다시피 홈쇼핑에서 가장 많이 사용하는 요소다. 그러나 신기하게도 이 내용을 알고 있음에도 물건을 사고 싶어진다. 그만큼 강력한 도구이자 기술이라는 뜻이다.

우리는 보통 온라인에서 물건을 구입할 때 두 가지 부류로 상품을 선택한다.

즉시구매 vs 관심 혹은 찜 상품

당신은 장바구니 혹은 관심 상품을 나중에라도 꼭 구매하는 편인가? 아마 그렇지 않은 물건들이 더 많을 것이다. 이처럼 잠재고객들이 구매를 미루면 구매확률은 낮아진다.

따라서 잠재고객들에게 지금 당장 구매하도록 유도해야 한다. 바로 이때 주로 사용하는 것들이 기간제 판매, 가격상승 예고, 특별 혜택 등이다.

> 핵심 정보는 많은 사람들이 알게 될수록 점차 핵심 정보가 아니게 됩니다. 따라서 기존 구매 회원들을 위해 판매 수량에 맞춰 가격은 점차 상승됩니다.

> 런칭 이벤트로 선착순 OO명에 한해 초보 블로거들도 바로 방문자 수를 10배 높이는 필살 키워드 150개 모음 PDF 파일을 보내드립니다. 예정 인원 달성 시 별도 공지 없이 지급이 중단됩니다.

이 부분에서 주의해야 할 것은 너무 홈쇼핑에 빙의해서 "당장 서두르세요! 당장 구매하세요!" 하는 노골적인 멘트는 가급적 하지 않아야 한다는 점이다.

너무 노골적으로 판매를 종용하는 것은 오히려 거부감을 불러일으켜 역효과를 볼 수도 있다. 그러니 자연스럽게 긴급성과 희소성을 부여하자.

9) 미리보기는 가치 있는 페이지로 준비하자

크몽에서는 전자책 상세페이지에서 최대 10장의 미리보기를 스크린샷을 통해 공개할 수 있도록 해놨다. 이것은 철저히 크몽이 아니라 고객들을 위한 장치인데 공개할 페이지는 고객이 아닌 우리가 직접 설정할 수 있다.

만약 당신이 전자책의 내용이 무료로 공개되는 것이 아까워 아주 하찮은 부분만을 공개했다고 가정해보자. 그 미리보기를 확인한 잠재고객은 당신의 전자책에 대해 어떻게 생각할까?

'음…… 미리보기라서 이런 뻔한 얘기를 늘어놓았겠지만 유료 버전은 아주 도움이 되겠군!'

이렇게 생각할까? 그 잠재고객은 미리보기에서 얻은 뻔한 얘기를 늘어놓을 것 같은 이미지를 그대로 우리 전자책의 이미지로 가져간다.

반대로 미리보기에서 가치 있고 도움이 될만한 부분을 제공한다면 어떨까? 이전과 반대로 생각할 것이다. 미리보기임에도 가치가 느껴지기에 공개되지 않은 본문은 훨씬 더 큰 가치가 있다고 여기는 것이다.

우리 전자책에서 비교적 사람들에게 도움이 된다고 느끼는 부분들을 추려보자. 본인 생각에 가장 값진 정보라고 판단되는 부분을 제외하고 가치 있다고 판단되는 부분 중에서 미리보기를 결정하자. 미리보기부터 가치를 느끼도록 해야 한다.

이렇게 상세페이지의 글을 구성하는 방법에 대해 알아보았다. 다시 한번 말하지만 상세페이지는 잠재고객들이 흥미를 가지고 계속 읽도록 만들어야 한다. 자신의 성과를 자랑만 하거나 지루한 설명만을 늘어놓으면 잠재고객들은 중간에 이탈할 확률이 매우 높다.

또한 잠재고객과의 공감대, 유대감을 형성해서 잠재고객의 마음속 방어기재를 무너뜨려야 한다. 잠재고객들은 항상 의심을 가지고 우리의 상품을 확인한다. 따라서 잠재고객과의 공감대 형성은 우리를 더욱 신뢰할 수 있도록 하는 중요한 요소다.

전자책 시장에서는 우리의 주제와 비슷한 전자책이 많을 것이다. 따라서 우리의 전자책이 다른 전자책과 무엇이 다른지, 왜 더 나은 전자책인지를 명확하게 인지시켜야 한다.

비슷한 전자책들 사이에서 뻔한 설명으로는 우리의 전자책은 선택받기 힘들 수밖에 없다. 우리가 앞서 시장조사를 하면서 어떤 부분을 차별화하고 어떤 틈새시장을 공략할지 미리 계획한 것을 떠올려보자.

잠재고객들은 지금 당장 구매하지 않으면 우리의 상품을 구매할 확률이 현저히 떨어지게 된다. 잠재고객들에게 빨리 우리의 상품을 구매하지 않으면 손해라는 인식을 심어줘야 한다. 긴급성과 희소성은 모든 판매 시스템에서 마지막에 결정적 역할을 한다.

우리의 전자책은 판매를 위해 만들어졌다. 고객들이 우리의 상품을 구매하지 않으면 손해라는 인식을 심어주자.

다시 강조하지만 판매는 상세페이지를 통해 이루어진다.

Check Point

☐ 상세페이지 글은 사실만을 기재하였는가?

☐ 내가 가진 해결책을 명확히 전달했는가?

☐ 잠재고객과의 유대감을 형성하였는가?

☐ 가치있는 미리보기 페이지를 선정했는가?

팔리는 전자책을 원하는 사람들에게

1. 단 한 권의 전자책으로 대박 만들기

사실상 불가능하다고 생각하자

이미 대부분의 주제에서 선두주자들이 많은 부분의 매출을 올리고 있다. 이런 상황에서 이제 갓 시장에 진입하는 사람이 단 한 권의 전자책으로 대박을 내기란 사실상 어렵다.

그런데 왜 전자책을 쓰라고 하는가?

퍼스널 브랜딩과 지식 판매의 가장 기초가 되기 때문이다. 또한 자동으로 수익을 만들 수 있는 파이프라인이 생기기 때문이다. 만약 당신이 전자책을 한 권이 아니라 여러 권을 지속적으로 만든다면 그만큼 수익은 높아질 확률이 커진다.

이미 말했다시피 전자책은 자동으로 수익이 발생한다. 물론 적절한 홍보를 한다면 판매율은 높아지겠지만 기본적으로 전자책은 자동으로 수익이 발생하는 구조다.

지금 부동산 시장을 보자. 몇 년 전과는 비교할 수 없을 만큼 가격이 상승했다. 집을 사는 게 불가능에 가깝다는 말도 나온다. 그렇다면 불과 2년 전, 3년 전은 어땠는가? 그때는 부동산이 저렴해서 집을 안 샀는가?

전자책 시장도 포화상태라는 말들이 많다. 모든 시장은 항상 그런 말을 들어왔다. 그리고 정작 그렇게 말하는 사람들은 시장에 진입하지 않았거나 실패한 사람들이다.

유튜브가 레드오션이라는 말은 이미 몇 년 전부터 지배적이었다. 블로그도 마찬가지였고 인스타그램도 마찬가지다. 하지만 유튜브와 블로그, 인스타그램은 아직도 새로운 사람들의 성공 사례가 매일 들려온다.

지식 판매 시장도 점점 그 크기가 커지고 있다. 크기가 커지는 만큼 빈틈은 발생한다. 우리는 그 빈틈을 찾아 진입하면 된다.

한 번이 아니라 여러 번 시도할 수 있다. 여러 시장에 진입할 수 있다. 그저 쓰지 않기 위한 핑계를 찾지 말고 잘하기 위한 방법을 찾자. 그리고 일단 오늘부터 한 줄이라도 쓰자.

한 권으로 대박을 내겠다는 생각보다 야금야금 당신만의 시장을 만든다는 생각으로 시작하자. 지금도, 앞으로도 전자책을 쓰지 않을 사람들의 핑계는 뻔하다.

쓸 주제가 없다.
시간이 없다. (그래도 술 마시고 친구 만나고 넷플릭스 보고 다 할 거면서……)
안 팔릴 것 같다.
전자책 시장은 이미 포화상태다.

위 핑계들의 공통점은 무엇인가? 그저 하지 않을 이유를 어떻게든 찾아내는 것이다.

주제는 가만히 앉아있다고 떠오르지 않는다. 자신이 천재 작곡가인 것처럼 착각하지 말자. 주제가 없으면 찾고, 그래도 없으면 공부를 해서 주제를 만들자.

시간이 얼마나 없는가? 그게 아니라 그저 당신이 하고 싶은 일들에 더 우선순위를 둔 것이 아닌가? 당신의 전자책이 안 팔리면 어떤가? 왜 안 팔렸는지 분석하고 다음 전자책에 반영하면 된다.

　무자본 지식 판매의 최대 장점인 부분은 리스크가 없다는 점이다. 잊지 말자. 우리는 세상에서 가장 저렴한 투자를 통한 사업을 시작할 수 있다.

2. 내 전자책의 차별점 만들기

만약 당신의 전자책 주제가 공예, 운동, 예술 등 움직임과 관련이 있는 주제라면 전자책으로만 그 정보를 전달하는 데 어려움이 있을 것이다. 전달하는 데 어려움이 있다면 당연히 전달을 받는 사람들, 즉 고객들도 불편함을 느낄 확률이 높다. 그럼 이 주제를 포기해야 할까?

더 좋은 방법을 떠올려보자. 전자책이라는 도구에만 매몰되지 말고 조금 더 생각을 넓혀보자. 만약 당신의 전자책 주제에 영상으로 만든 정보가 꼭 필요하다면 만들면 된다. 방법은 있다.

① 유튜브 채널 개설 후 [일부공개]로 영상 업로드를 한다.
 - [일부공개] 영상은 영상의 링크를 통해서만 시청이 가능하다.
 - 유튜브를 통한 검색이나 추천 영상에 뜨지 않는다.
 - 구매자들에게만 영상의 링크를 보내주거나 전자책 내에 영상 링크를 삽입하여 영상을 제공할 수 있다.

② 비공개 인스타그램 계정을 만들어 영상 업로드를 한다.
 - 전자책 내에 구매자들의 팔로우 승인에 사용할 문구를 삽입.

- 구매 확정이나 후기를 남긴 스크린샷으로 인증하는 방법도 있음.
 - 전자책 구매자들만을 대상으로 인스타그램 팔로우를 승인.
 - 실시간으로 소통이 가능하고 구매자들의 피드백을 바탕으로 고객들이 원하는 영상들 추가 제작 가능.

③ 구매자들만을 대상으로 한 네이버 카페 개설.

앞서 말한 것처럼 전자책 시장은 점점 커지고 있다. 따라서 전자책만으로만 승부를 보려 하지 말고 당신만의 또 다른 무기를 하나 더 만들어 두는 것이 좋다. 그렇게 되면 자동으로 당신만의 차별점이 만들어지기 때문이다.

같은 주제라도 영상도 제공하는 사람과 그렇지 않은 사람의 전자책이 있다면 누구를 택할 가능성이 높을까?
 당신이 줄 수 있는 무언가를 하나 더 고민해보자.
 사람들은 누구나 더 큰 이득을 얻길 원한다. 아끼려 하지 말고 더 많이 주자. 더 많이 주려 고민할수록 당신만의 차별점이 만들어질 확률이 높아진다.

3. 전자책의 최종 필살 꿀팁

　결정적인 단락이다. 이 단락으로 이 책을 마무리하겠다. 팔리는 전자책의 마지막 필살 꿀팁은 바로, 쓰라는 거다. 잘못 읽은 게 아니다. 제대로 읽은 거 맞다. 써라, 제발.

　책을 만드는 데 가장 중요한 요소다. 제발 써라. 머릿속으로 아무리 거창한 계획을 가지고 있어도 다 필요 없다. 머릿속에서 꺼내라.

　이 책을 다 읽고도, 정작 실행하지 않아서 전자책을 포기하는 사람이 있을 수 있다. 그 사람이 부디 당신이 아니길 바란다.

　누군가는 전자책을 만들지 못하는 이유를 자신의 실행력에서 찾지 않고 이 책의 내용에 대해 품평을 하면서 이 책을 이래서 별로 저래서 별로라고 말할 수도 있다. 알겠다. 그럼 당신의 것을 써라. 불평불만은 그만두고 그냥 당신이 해야 할 것을 해라. 제발.

　하루에 단 30분만이라도 전자책을 쓰는 시간을 만들어야 한다. 하루에 몇 글자를 쓰겠다는 목표도 좋지만 오로지 전자책을 쓰겠다는 시간을 정해두지 않으면 계획은 계속 미뤄질 것이다.

스마트폰 메모장에 목차를 적어두고 생각날 때마다 소제목과 그 소제목에서 다룰 요소들을 정리해 나가는 것도 좋다.

요즘처럼 실행하기에 완벽한 시대는 없다. 심지어 스마트폰만으로 전자책을 쓰는 사람도 있다.(진심 존경)

쓰자. 핑계를 찾지 말고 방법을 찾자.

이 책의 첫 페이지로 돌아가서 다시 처음부터 읽어보며 마음가짐을 잡고 한 단계씩 실행해보자.

나의 마지막 자극이 부디 당신에게 긍정적인 영향을 주었기를 바란다.

Check Point

☐ 머릿속에서 핑계를 지웠는가?

....
....

☐ 머릿속에서 핑계를 지웠는가?

....
....

☐ 머릿속에서 핑계를 지웠는가?

....
....

☐ 머릿속에서 핑계를 지웠는가?

....
....

☐ 머릿속에서 핑계를 지웠는가?

....
....

Part 1
마무리

끝까지 읽느라 수고 많으셨습니다.

이 책은 깨달음을 전달하기 위한 책이 아닙니다. 전자책을 만들기 위한 방법과 유의사항, 효과적인 방법 등이 담겨 있는 실용서입니다.

따라서 이 책의 내용을 이해만 하고 실행하지 않는다면 아무런 소용이 없는 책이 되어버립니다. 이 책의 가치는 여러분이 이 책의 내용을 실행할 때 나타납니다.

실행하지 않는 지식은 아무런 쓸모가 없습니다. 부디 이 책이 여러분들의 실행에 좋은 길잡이가 되기를 바랍니다.

Part 1에서 다룬 내용은 모두 전자책에 맞춰진 내용입니다. 하지만 뒤에 이어질 Part 2. 종이책을 만들기 위한 내용과도 밀접한 내용입니다.

주제를 정하고 시장조사를 하고 잠재고객을 만들고 목차를 구성하는 등 여러분이 전자책을 만들기 위해 실행했던 다양한 활동들이 실제로 종이책을 만들기 위한 내용과 그대로 연계됩니다.

따라서 Part 1의 내용을 꼭 직접 실행해보기를 바랍니다. 본격적으로 종이책에 도전하기에 앞서 여러분의 시행착오를 줄이고 책 쓰기 능력을 향상시키는 데 큰 도움이 될 것입니다.

part 2
종이책 만들기

Part 2. 종이책 만들기는 전자책으로 닦은 경험을 이용해서 본격적으로 종이책에 도전하기 위한 파트입니다.

총 3부로 나뉘어 있으며 책을 쓰기 전 알아야 할 것들과 책을 쓰는 단계, 마지막으로 원고를 모두 완성한 후 본격적으로 출판에 도전하는 단계로 구분했습니다. 또한 각 장마다 여러분이 실제로 실습을 통해서 책을 만드는 단계를 실행하실 수 있도록 구성하였습니다.

이 책을 통해 출판에 대한 모든 궁금증을 해소하시고, 여러분의 이름이 새겨진 책이 세상에 나올 수 있기를 희망합니다. 두려워하지 마시고 용기와 자신감, 의지를 통해 꿈을 이루시기를 바랍니다.

"
만약 당신이 현재보다 더 나은 모습이 되고자 한다면,
새로운 기회를 얻고자 한다면 책을 쓰자.
책은 우리에게 새로운 길을 열어줄 것이다.
"

왜 책을 써야 하는가

과거에는 '작가'라는 이름이 아득히 멀게만 느껴졌다. 그러나 유튜브나 SNS를 통해 평범한 이들이 책을 발간하게 되었다는 이야기들을 점점 자주 접하게 되자 사람들의 인식이 달라졌다. '나도 책을 출판하고 싶다.', '책을 출판해 전문가로서의 이미지를 다지고 싶다.'라는 생각을 하게 된 것이다.

그렇다면 책을 쓴다는 것은 우리에게 어떤 의미일까?

직업? 자아실현? 브랜딩?

물론 각자의 목적에 따라 그 의미는 다를 것이다. 하지만 책을 썼다는 권위나 전문가로서의 이미지 창출에 대한 기대는 모두 동일할 것이다.

  1장에서는 우리가 왜 책을 써야 하는지에 대해 다뤄보겠다. 책을 쓰고 싶지만 아직 망설이고 있다면 이 장의 내용들을 잘 읽어보길 바란다.

1. 새로운 직업으로서의 출판

당신의 직업은 무엇인가? 그리고 그 직업은 언제까지 유효할 것이라고 생각하는가?

우리에게는 각자가 가진 직업이 있다. 하지만 그 직업에는 누구에게나 유효기간이 존재한다. 우리가 죽음을 맞이하는 그 순간까지 우리의 직업으로서 존재할 수 없다. 한 취업 플랫폼 업체의 설문조사에서도 직장인들이 생각하는 적정 퇴직 나이를 조사한 결과는 평균 약 51세였다. 50대 이후부터는 안정적인 직업에 대해 불안함을 느끼는 심리가 반영된 결과다.

또 요즘은 수익의 수단을 다양화(N잡)하거나 프리랜서 마켓 등을 이용한 다양한 직업의 형태를 볼 수 있다. 과거처럼 한 가지 직책에만 얽매여 있지 않다.

우리의 현재 직업은 영원할 수 없으며 세상에는 다양한 직업의 형태가 존재한다. 그럼 우리는 어떤 선택을 해야 할까? 정년이라는 것이 존재하지 않는 직업, 유연한 형태로 일을 수행할 수 있는 직업이 있어야 하지 않을까?

이 조건에 부합하는 새로운 직업이 바로 '작가'라는 직업이다. 매일 출근할 필요가 없으며 내 생각과 철학, 정보가 발전함에 따라 나이에 제한 없이 얼마든지 새로운 생산물을 만들어 낼 수 있다. 책의 판매 부수에 따라 내가 가만히 있어도 자동으로 수익이 창출된다.

작가가 되기 위해 지금의 직장을 그만둘 필요도 없다. 그리고 이 책이 있다. 무엇이 문제겠는가?

언제든지, 누구든지 마음만 먹으면 작가가 될 수 있다. 물론 누구에게나 쉽다는 말은 아니다. 하지만 어떤 직업도 모두에게 쉽지는 않다. 우리가 노력을 통해 직업을 얻고 새로운 일에 도전했듯이 '작가'라는 새로운 직업도 얼마든지 해낼 수 있다.

그것은 우리가 의지를 가졌는가, 마음을 먹었는가에 달려 있다.

내 시간에 맞춰 일하고, 내가 하고 싶을 때까지 일하는 직업. 당신에게는 '작가'라는 새로운 직업이 눈앞에 있다.

2. 출판이 가져오는 수많은 기회

유튜브 등을 통해서 유명인들의 강연을 본 적이 있는가? 그들에게는 공통점이 있다. 첫 번째는 해당 분야에서 누구에게나 인정받는 전문가라는 점, 또 다른 하나는 자신만의 저서가 있다는 점이다.

그렇다면 유명해져서 책을 쓴 사람이 많을까, 아니면 책을 써서 유명해진 사람이 많을까? 대부분 후자이다.

그 이유는 책을 쓰는 사람들의 대다수가 유명하지 않았기 때문이다. 자신의 생활과 생각을 에세이로 출판하여 유명해진 작가들, 무일푼에서 자수성가를 이룩한 과정을 출판하여 유명해진 경영자, 여행이 좋아서 사진과 기록, 생각을 출판하여 유명해진 작가들 모두 책을 출판하기 전에는 누군가의 앞에서 말을 하는 사람들이 아니었다.

하지만 그들은 책을 출판했고 사람들이 그들의 이야기에 귀를 기울이자 더 많은 기회가 찾아왔다. 이것이 우리가 책을 써야 하는 이유다. 수많은 작가가 말한다. 학위보다 더 강한 것이 출판이라고 말이다.

그만큼 출판이 가진 권위는 상당하다. 게다가 사람들이 당신의 이야기에 공감하고 귀 기울일수록 그 힘은 배가 된다.

만약 당신이 현재보다 더 나은 모습이 되고자 한다면, 새로운 기회를 얻고자 한다면 책을 쓰자. 책은 우리에게 새로운 길을 열어줄 것이다. 김병완 작가의 '나는 도서관에서 기적을 보았다'라는 책에는 이런 구절이 있다.

> 전문가가 책을 쓰는 것이 아니다.
> 책을 쓰면 전문가가 되는 것이다.
>
> 성공한 사람이 책을 쓰는 것이 아니다.
> 책을 쓰면 성공한 사람이 되는 것이다.
>
> 똑똑한 사람이 책을 쓰는 것이 아니다.
> 책을 쓰면 똑똑한 사람이 되는 것이다.

짧은 글이지만 그 어떤 글보다 책을 써야 하는 이유를 명확하게 표현하고 있다. 책을 썼기 때문에 전문가가 될 수 있고 책을 썼기 때문에 성공한 사람이 될 수 있는 것이다. 책이라는 것은 누군가의 결과물이 아니라 누군가의 출발선인 셈이다.

출판은 절대 출판으로만 끝나지 않는다. 출판이 곧 시작이다. 당신의 책을 주제로 한 강연, 책 쓰기 모임 주관, 정기 칼럼 연재 등 출판이 발판이 되어 생겨나는 수많은 기회를 떠올려보라. 당신의 책에 감명을 받았다고, 깨달음을 얻었다고 감사의 인사를 받는 모습을 떠올려보라.

당장 시작하지 않을 이유가 없다.

3. 특별한 사람들의 책 쓰기

당신은 특별한 사람인가? 아니면 평범한 사람인가?

세상의 수많은 사람들이 자신을 한없이 평범하다고 여긴다. 그러나 이것은 착각이다.

그 누구도 타인과 똑같은 삶을 살 수 없다. 그렇기에 평범한 삶이라는 것은 단지 개인의 주관적인 생각일 뿐이다. 우리에게는 행복했던 과거가 있고, 끔찍한 실수가 있었으며, 잊을 수 없는 슬픔이 있다.

또 누군가에게 알려줄 지식이 있고, 삶을 통해서 배운 깨달음이 있으며, 세상에 나눌 지혜가 있다.

우리는 특별하다. 모두가 평범하다고 여기지만 사실 우리는 특별하다. 그 누구도 당신과 같을 수 없다. 그러니 당신의 이야기를 들려주자. 지혜를 나누자.

아직도 자신이 지극히 평범하다고 여긴다고 해도 괜찮다. 평범한 당신의 이야기에 공감할 평범한 이들을 위해 당신의 이야기를 들려주자. 평범한 사람들에게 공감을 주고, 위로를 주고, 용기를 주자. 그 순간 당신은 역시 특별한 사람이 된다.

책을 쓴다는 것은 특별한 일이다. 분명히 그렇다. 따라서 책을 쓰는 사람들은 모두 특별한 사람들이다.

특별해서 책을 쓰는 것이 아니다. 책을 쓰기에 특별해질 수 있다. 오늘부터 당신은 특별한 사람이 될 수 있다. 앞에서 언급했듯이 책을 쓰는 사람들이 전문가가 될 수 있고, 성공할 수 있고, 똑똑해질 수 있다.

그리고 그 누구보다 특별해질 수 있다.

다짐하자. 당신은 책을 쓰는 사람이며, 그로 인해 당신은 특별한 사람이다.

1장 정리

새로운 직업으로서의 출판
- 정년이 존재하지 않는 직업 '작가'
- 내가 원하는 시간과 장소에서 '자유롭게' 일할 수 있다.
- 인세를 통해 자동으로 수익이 창출되는 '파이프라인' 구축
- 누구나 도전할 수 있는 직업

출판이 가져오는 수많은 기회
- 책을 써야 전문가, 성공한 사람이 되는 것이다.
- 책은 결실이 아닌 시작이다.
- 출판과 동시에 작가이자 전문가로서 자신을 업그레이드할 수 있다.

특별한 사람들의 책 쓰기
- 우리는 생각보다 평범한 사람이 아니다.
- 우리는 세상에 나눌 이야기, 지식, 경험을 가지고 있다.
- 특별한 사람이 책을 쓰는 것이 아니라 책을 쓴 사람이 특별한 것이다.

책을 출판하는 방법

  책을 출판하는 방법은 다양하다. 이 방법들을 쉽게 구분 지어 본다면 '내 돈'을 쓰느냐, 쓰지 않느냐로 나눌 수 있다. 조금 더 깊게 들어가면 돈을 얼마나, 어떻게 쓰느냐에 따라 달라진다고 볼 수 있다.

  이 방법들은 책을 출판하는 목적에 따라 달라질 수 있고 작가 개인의 생각에 따라 달라질 수 있다. 모든 사람에게 적용되는 단 한 가지의 정답이 있는 것은 아니다.

  2장에서는 출판하는 방법들에 대해 다룰 것이다. 이 장을 통해서 작가를 꿈꾸는 당신에게 맞는 출판 방법을 선택하는 데 도움이 되었으면 한다.

　책을 쓰는 목적과 목표를 떠올려보고 어떤 책을 만들고 싶은지, 작가로서 어떤 모습을 꿈꾸는지 상상해보자. 단순히 '돈을 쓰는 것은 안 좋아!' 같은 설명은 자제하겠다. 다만 현실적이고 솔직한 내용을 알려 줄 것이다.

　지금 이 순간에도 다양한 출판 방법들을 통해 새로운 책들이 세상에 태어나고 있다. 이 장을 통해 당신의 책은 어떻게 태어나게 될지 상상하며 자신에게 가장 어울리는 출판 방법을 생각해 보자.

1. 자비출판

　말 그대로 내 돈으로 출판 비용을 충당하는 것을 말한다. 비용은 인쇄 부수 등을 비롯한 다양한 조건으로 달라진다. 적게는 300만 원 선에서 많게는 1,000만 원이 넘어가는 경우도 있다. 이 출판 방법은 돈의 여유가 있거나, 판매보다는 단순히 자신의 이름으로 된 책이 갖고 싶은 사람들에게만 추천한다.

　요즘은 자비출판만을 전문적으로 취급하는 출판사들이 많다. 그들은 자비출판을 의뢰하는 사람들의 주문대로 책의 인쇄 부수를 결정하고 간단한 디자인 작업을 한 후 출판을 진행한다.

　자비출판의 장점은 명확하다. 돈만 있으면 얼마든지 내 원고가 책으로 탄생할 수 있다는 점이다. 하지만 그것이 전부다. 자비출판사들은 대체로 편집과 디자인, 구성, 유통과 마케팅에 심혈을 기울이지 않는다. 이미 의뢰인으로부터 이 책의 출판과 관련한 대가를 지급받았기 때문이다.

　게다가 유통이나 마케팅에 투자할 자금력 또한 부족한 것이 현실이다. 물론 전국의 여러 서점으로 배송은 될 수 있지만 일반적인 출판사에서 출판하는 책들처럼 매대에 진열되는 것은 거의 불가능하다고 보면 된다. 매대에 진열하기 위해서는 마케팅 비용이 필요하고 그 부분을 담당할 직원들이 필요한데 자비출판을 하는 업체들은 이 부분이 사실상 이루어지지 않는다고 보면 된다.

실제로 자비출판을 경험한 사람들의 대부분은 자신의 책이 만들어졌다는 만족감 외에는 다른 장점을 느끼지 못한다. 오히려 책의 완성도 면에서 실망을 느껴 다시는 자비출판을 하지 않겠다고 말하는 이가 대다수다.

단지 자신의 이름으로 된 책을 갖고 싶은 것이 목적이라면 자비출판도 좋은 방법이라 생각한다. 하지만 작가로서, 전문가로서 포지셔닝하고 싶은 목적이 있다면 자비출판은 심각하게 고민해봐야 한다.

2. 온라인 출판 플랫폼

　책을 쓰고 싶어 하는 사람들이 증가함에 따라 온라인에도 출판을 도와주는 플랫폼이 생겨났다. e퍼플과 부크크 같은 플랫폼이다. e퍼플은 전자책만을 취급하며 Ebook 시장에만 전문적으로 뛰어들 수 있는 플랫폼이다. 반면에 부크크는 전자책과 종이책 모두를 다루고 있지만, 종이책 출판에 조금 더 무게를 두고 있는 플랫폼이다.

　부크크의 방식은 자비출판과 비슷하다. 책의 형태(크기, 외형 포함)와 가격 등 플랫폼에서 제공하는 옵션들을 선택하면 출판 신청을 할 수 있다. 이 역시 저자 본인이 지불해야 하는 비용이 발생한다. 단 자비출판과 다른 점은 자비출판은 한 번에 큰 비용이 발생하지만, 플랫폼을 이용한다면 필요한 인쇄 부수에 따른 비용만 지불하면 된다.

　하지만 이 방법도 결국 자비를 사용해 출판하는 방법이다. 따라서 정식 출판사를 통해 출판한 책과는 인식이 다를 수밖에 없다. 만약 단순히 정식 출판 전의 경험을 위한 것이라면 상관없다. 그러나 본인이 정식 작가로서, 전문가로서 포지셔닝을 하기 위한 사람들이라면 이 방법도 역시 추천하지 않는다.

3. 독립출판

　독립영화를 떠올려보자. 대형 영화관에서 상영되는 일반적인 상업영화와는 다르게 개성 있고 독특한 메시지를 전달하는 영화들이 독립영화로 많이 만들어진다. 독립출판도 마찬가지다. 구성이나 메시지가 개성이 있는 책들이 독립출판을 통해 세상에 많이 나오고 있다.

　하지만 단점은 대형 서점에는 입점이 어려우며 작가 개인의 역량이 가장 중요하다. 유통이나 마케팅 자체가 어렵기 때문에 작가 개인이 가진 영향력으로 책의 홍보나 판매를 책임져야 하는 형식이다. 상업적인 성공이나 대중적인 인지도를 원하는 사람들에게는 다소 어울리지 않는 출판 형식이라고 볼 수 있다.

4. 기획출판

 서점에서 판매되는 책의 대부분을 차지하는 출판 형태이다. 작가가 원고를 쓰고 출판사와 계약을 하여 책이 출판된다. 하지만 초보 작가들이 도전하기에 가장 어려운 방법인 것도 사실이다. 출판사가 작가와 계약 후 먼저 투자를 해야 하기 때문이다.

 책 한 권을 출판하는 데 필요한 금액만 대략 2,000만 원 정도다. 출판사는 작가의 원고를 통해 이 금액을 투자할지 결정하는 것이다. 2,000만 원이 그리 큰 금액이 아닌 것처럼 느껴질 수도 있다. 그러나 우리나라의 출판 시장을 생각하면 절대로 적은 금액이 아니다.

 출판사에서 출판하는 수많은 책들 가운데 약 80%는 손익분기점을 넘기지 못한다. 나머지 약 20%의 책, 소위 대박 났다고 알려지는 책들이 출판사를 유지시키는 것이다. 이렇다 보니 출판사 입장에서도 섣불리 출판 계약을 하기가 어려운 것이다.

 기획출판은 작가가 먼저 투고를 통해 출판을 제안하는 경우가 많지만 출판사에서 먼저 작가에게 출판을 제안하는 경우도 있다.

 출판사의 경우에는 출판을 통해 이익을 창출해야 한다. 따라서 시기, 유행, 유명세 등을 통해 시장성이 있다고 판단할 경우 작가에게 먼저 출판을 제의하는 경우도 있다.

쉬운 일은 아니겠지만 출판사를 통해 내 책이 세상에 태어나는 것을 목표로 글을 쓰자. 목표가 높을수록 결과물은 좋아질 수 있다. 그 시작이 자비출판이든, 독립출판이든 결국 초보 작가들의 궁극적인 목표는 기획출판이다. 이것은 사실이다. 기획출판을 통해서 전국의 대형서점에 내 책이 진열되고 사인회를 여는 모습을 상상해보자.

이 책은 초보 작가들이 기획출판에 도전하고 원하는 결과를 성취할 수 있도록 도움을 주는 데에 목적이 있다. 뒤에서 다룰 모든 이야기가 그렇다. 이 책을 구매했다면 함께 가자.

이 책의 최종 목표는 기획출판이다.

2장 정리

자비출판

– '내 돈'으로 모든 출판 비용을 부담(누구나 출판 가능)
– 편집, 디자인, 마케팅의 수준이 떨어짐
– 출판 이후에도 '자비출판' 작가는 전문가로서 인정받기가 어려움

온라인 출판 플랫폼

– '내 돈'으로 모든 출판 비용을 부담(누구나 출판 가능)
– 필요한 책의 부수에 따라 결제 가능
– 전문가로서 인정받기 어려움

독립출판

– 작가의 개성을 살린 다양한 책의 형태가 가능
– 대형 서점 입점 불가능(독립 서점에서만 판매)
– 작가 개인의 역량이 중요함

기획출판

– 대형 서점에 유통되는 대다수의 출판 형태
– 가장 우수한 퀄리티의 책 출판
– 타 출판 방식에 비해 적극적인 마케팅
– 상업적인 성공 가능성이 가장 높음
– 초보 작가들이 출판하기에 가장 난이도가 높음

습관이 결과를 만든다

　책을 쓰는 것에 처음 도전하는 사람들은 하나같이 걱정을 먼저 하게 된다.

　'내가 책 한 권의 분량을 다 쓸 이야기가 있을까?', '내 글이 너무 이상하면 어쩌지?', '쓰다가 중간에 막힐 땐 어떻게 해야 하지?', '내가 쓰는 글이 진짜 책이 될 수 있을까?'

　이 글을 읽고 있는 당신도 같은 생각을 할지 모르겠다. 만약 그렇다면 의심은 일단 접어두라고 말하고 싶다. 모든 일은 마음먹기에 달려있기 때문이다. 스스로 '난 이걸 해낼 수 있다.'라는 마음을 먹는다면 해낼 수 있다.

또한 그 다짐을 지속할 수 있는 동기가 부여된다면 더더욱 성공확률은 높아진다. 나는 앞서 다양한 이야기를 하면서 자연스레 용기를 북돋웠고 할 수 있다는 응원을 보냈다. 그리고 앞으로 풀어낼 이야기에서도 마찬가지일 것이다. 그러니 걱정은 접어두고 우리 함께 의지를 행동으로 만들자.

책은 재능으로 쓰는 것이 아니다. 노력으로 쓰는 것이다. 세상 어느 작가도 하루아침에 뚝딱 한 권의 책을 만들어내지 못한다. 그러니 조바심을 느끼지 말고 한 걸음씩 앞으로 나가면 된다.

그러기 위해서 우리는 새로운 습관을 다질 필요가 있다. 의식하지 않아도 자연스러운 행동을 만들어야 한다. 그 습관이 모여 하나의 결실을 맺을 수 있도록 말이다. 이번 장에서는 글쓰기 습관에 대해 얘기해보려 한다.

1. 습관 버리기

하루를 살면서 우리가 의식을 하고 취하는 행동은 얼마나 될까? 또 반대로 우리가 의식하지 않고 하는 행동들은 얼마나 될까? 예를 들어 누군가는 식사 후에 꼭 잠시 자리에 앉아 커피를 마셔야 하고 또 누군가는 퇴근 후 잠들기 전에 시원한 맥주를 한 캔 마셔야 한다.

이런 행동들은 반복을 통한 습관이다. 반복적으로 행동하면서 자신도 모르는 사이 습관으로 자리 잡은 것이다. 잠들기 전 침대에 누워 SNS를 하는 것도, 운전할 때는 음악을 듣는 것도, 지하철에서는 유튜브를 시청하는 것도 마찬가지다.

사람은 누구나 하루를 살아가는 루틴이 있다. 이 루틴은 도움이 되는 것도 있지만 도움은커녕 시간만 잡아먹는 불필요한 루틴도 허다하다.

우리에게 새로운 습관이 필요한 만큼 그 자리를 비워 내야 할 습관도 존재한다. 흔히 시간이 없다고 말하는 이유가 비워 내야 할 습관을 알아채지 못하기 때문이다. 이 단락이 끝난 후 잠시 눈을 감고 당신의 하루를 떠올려보자. 무의식적으로 하는 행동들은 어떤 것들이 있는가? 그 행동 중에서 없애야 할 행동은 무엇이 있는가?

　우리는 새로운 습관(글쓰기)이라는 가족을 맞이해야 한다. 하지만 우리가 가진 방의 개수는 한정적이다. 때문에, 방 하나를 잘 정리해서 새로운 가족의 보금자리를 마련해야 한다. 새로운 가족의 보금자리는 '한 시간'을 목표로 하자. 한 시간이라는 방을 만들어 주기 위해 우리가 없애야 할, 혹은 대체해야 할 습관들을 파악하자.

　단순히 하루에 한 시간의 잠을 줄인다는 생각도 좋다. 그러나 체력적으로 지속할 수 있는 자신감이 충만한 사람만 시도하길 바란다. 생각보다 잠을 줄인다는 것이 쉬운 일이 아니기 때문이다. 매일매일을 잠과의 전쟁을 하며 살아가는 요즘 시대의 사람들에게는 더더욱 말이다.

　섣불리 판단하지 말고 진정으로 자신에게 필요한 습관들을 제외한 불필요한 습관들을 하나씩 꺼내어 정리하자. 이것은 비단 책을 쓰는 것뿐 아니라, 보다 효율적인 삶을 사는 데에도 큰 도움이 될 것이다.

　시간은 누구에게나 공평하게 주어진다. 시간이 부족하다는 생각이 든다면 가장 먼저 시간을 갉아먹는 시간 도둑부터 찾아내자.

　이 과정을 거친다면 글을 쓸 준비는 끝났다.

2. 습관 들이기

시간

 이 책을 읽고 있는 대부분의 사람은 하루에 한 시간 이상 글을 써본 경험이 없을 것이라고 예상한다. 직업상 보고서를 작성한다거나, 업무와 관련된 서류들을 제외하고 머릿속의 생각을 글로 쓰는 행위를 매일 한 시간 이상 하는 사람들이 얼마나 있겠는가. 그러나 우리는 이 행위를 해야 한다. 자리에 앉아서 머릿속에 있는 생각을 글로 풀어내야 한다. 물론 처음에는 당연히 힘들 것이다. 한 시간 내내 집중하여 글을 쓴다는 것이 결코 쉬운 일은 아니기 때문이다. 그러나 우리는 책을 쓰는 것이 목표다. 해야 한다.

 매일 글을 쓰는 것은 우리의 생활이 되어야 한다. 억지로라도 매일 한 시간 이상을 자리에 앉아 글을 써야 한다. 바로 '글쓰기 근육'을 키우는 것이다. 잘 쓰고 못쓰고는 중요하지 않다. 맞춤법 또한 중요하지 않다. 매일 한 시간을 앉아서 글을 쓸 수 있는지가 중요하다.

 앞서 우리는 불필요한 습관을 정리하고 글쓰기 습관을 만들기 위해 한 시간을 마련했다. 당신은 그 한 시간을 우리의 24시간 중 어디에 배치할 수 있는가? 글을 쓴다는 것은 생각보다 에너지 소모가 큰 작업이다. 우리의 뇌는 생각보다 많은 에너지를 소비한다. 그래서 하루의 모든 일과가 끝난 후 밤에 무언가를 생각하고, 고민하고, 공부를 하는 것은 상대적으로 효율이 떨어진다. 몸이 지치면 우리의 뇌 또한 지치기 때문이다.

같은 시간 동안 높은 생산성이나 집중력을 원한다면 가급적 오전을 권장한다. 그러나 중요한 것은 오롯이 글을 쓸 수 있는 '한 시간'을 확보하는 것이기 때문에 새벽이나 오전이 불가능하다면 오후나 밤을 선택해도 좋다. 당신의 글쓰기 시간은 언제인가? 오롯이 글쓰기에 집중할 한 시간을 선택해야 한다.

장소

시간과 더불어 장소도 매우 중요한 요소다. 시간에 따라 다르겠지만 오롯이 글을 쓸 수 있는 독립적인 공간이 마련되어 있지 않다면 집은 추천하지 않는다. 집은 우리의 집중을 저해시키는 요소가 무궁무진하다.

집중이 된다 싶으면 들려오는 가족들의 대화 소리, 눈에 아른거리는 침대, 정리가 덜 된 책상과 옷장 등 우리에게 가장 익숙한 장소가 오히려 우리의 집중을 저해시키는 경우가 많다. 새벽

시간이라면 이런 부분이 줄어들 수 있지만, 저녁이나 밤이라면 오히려 집 근처의 카페가 나을 수 있다.

평일과 주말을 구분하여 장소를 정하는 것도 좋은 방법이다. 매일 카페에 가는 것이 시간적, 비용적인 면에서 비효율적이라 판단이 된다면 평일에는 집에서 글을 쓰고 주말이나 휴일에는 도서관이나 조용한 카페를 찾아 긴 시간 동안 글을 쓰는 것도 좋다.

글쓰기에 방해를 받지 않고 몰입하기 좋은 장소는 어디인가? 집 주변? 회사 주변? 잘 떠오르지 않는다면 새로운 장소를 직접 찾아 다녀보는 것도 좋다.

글쓰기 근육 만들기

글을 쓰기 위한 시간과 장소를 정했다면 이젠 글을 쓸 차례다. 먼저 '글쓰기 근육'을 키우자. 짧은 시간을 정해서 멈추지 말고 글을 한번 써 내려가 보자. 글을 써본 경험이 적다면 5분도 좋다. 5분의 타이머를 설정하고 머릿속의 생각을 '일단' 써보자.

5분 동안 집중하여 글을 써 내려갔다면 이번에는 10분으로 그 시간을 늘려서 써보자. 그리고 각 시간별로 몇 자의 글자를 썼는지 확인하자. 확인하는 방법은 문서작성 프로그램 내에서도 가능하고 쓴 글을 복사해서 네이버 글자 수 계산기를 활용해도 좋다.

한글 프로그램 기준 10포인트로 글을 쓴다면 A4 한 페이지는 약 1,800자 전후다. 이 분량을 책으로 환산하면 약 3페이지에 가까운 양이 된다. 즉 A4 100페이지를 완성하면 일반적으로 출판되는 책 한 권의 분량이 된다는 말이다.

글쓰기 근육이 잘 길러지고 생각을 글로 옮기는 능력이 점점 익숙해진다면 하루 A4 한 페이지를 목표로 100일이면 책 한 권의 원고가 완성된다는 계산이다. 물론 글이 잘 써지는 날은 더 많은 분량의 글을 쓸 수도 있다.

일단은 우리가 짧은 시간부터 시작해서 한 시간에 얼마의 분량을 쓸 수 있는지를 파악하자. 이것을 기준으로 우리가 앞으로 책을 쓸 계획을 세울 수 있다. 만약 한 시간 안에 1,800자 정도를 무리 없이 써나갈 수 있다면 100시간만 투자하면 책 한 권의 분량을 완성할 수 있다.

그러나 이때 쓰는 글이 꼭 책의 원고로 이어져야 할 필요는 없다. 지금은 단지 '글쓰기 근육'을 키우기 위한 단계이기 때문이다.

당장 누군가에게 보여줘야 하는 글이 아니기 때문에 글의 질 또한 신경 쓸 필요 없다. 글쓰기에는 '퇴고'라는 것이 있다. 모든 글은 퇴고를 한다. 그러니 처음부터 잘 쓰려고 할 필요가 없다. '잘' 쓰는 것은 퇴고 단계에서 만들면 된다.

지금 우리의 목적은 매일 하루 A4 한 페이지를 목표로 '글쓰기 근육'을 키우는 것이다.

뒤에서 제시하는 표를 참고하여 버려야 할 습관들을 파악해보고 글쓰기 습관을 구체적으로 계획해보자. 이때 계획대로 실행되지 못했을 경우를 대비하여 미리 다음 계획을 떠올려보는 것이 좋다. 매일 한 시간 이상의 시간과 글쓰기에 집중할 수 있는 장소를 정하자.

3장 정리

습관 버리기

- 하루 동안 내가 무의식적으로 하는 행동 떠올리기
- 불필요한 습관 걸러내기
- 불필요한 습관을 걸러낸 시간 모으기
- 불필요한 습관이 없다면 잠을 줄이기

습관 들이기

- 글쓰기 시간 배치하기(가능한 한 새벽이나 오전을 권장)
- 글쓰기에 집중할 수 있는 장소 물색하기(평일과 주말을 구분하는 것이 좋음)
- 잘 쓰려고 하지 말고 일단 쓰기
- 한 시간에 A4 한 페이지를 목표로 글쓰기 근육 키우기(한 시간 동안 몇 자의 글자를 쓸 수 있는지 파악하기)

실습 1 버려야 할 습관 떠올리기

구 분	습 관	이 유
습관 1	자기 전 유튜브 보기	평균 30분 이상의 시간 소요. 이 시간을 글 쓰기 시간으로 전환 가능
습관 2		
습관 3		
습관 4		
습관 5		
습관 6		

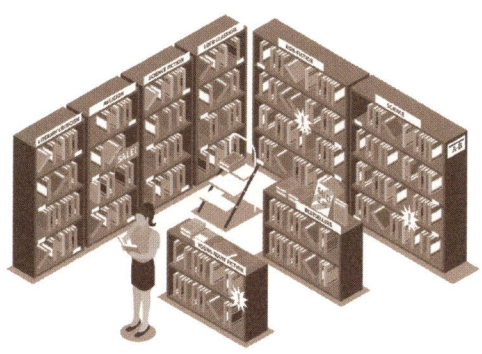

실습 2 글쓰기 습관 계획하기

구 분	시 간	장 소
월	05:00 ~ 06:00	내 방
화		
수		
목		
금		
토	10:00 ~ 18:00	○○ 도서관 디지털 열람실
일		

4장
주제 정하기

　책에는 다양한 주제와 장르가 존재한다. 영화나 음악도 마찬가지인 것처럼 말이다. 그리고 사람마다 선호하는 주제와 장르가 다르며 책을 읽는 목적도 다양하다.

　무료한 시간을 달래기 위해 책을 읽는 사람들이 있는 반면, 지식을 더욱 키우고 스스로를 발전시키기 위해 공격적으로 책을 읽는 사람들도 있다. 따라서 우리가 쓰는 책은 단지 내가 하고 싶은 말을 써나가는 책이 아니라 누군가에게 필요한 책이 되어야 한다.

　먼저 자신이 어떤 책을 선호하고, 어떤 목적을 가지고 책을 읽는지 떠올려보자. 아마도 자신이 선호하는 책과 비슷한 장르나 주제의 책을 쓰고 싶은 경우가 많을 것이다. 이것은 당연하다. 가장 익숙하기 때문이다.

 이번 장에서는 우리가 써나갈 책의 주제와 장르를 알아볼 것이다. 우리가 가지고 있는 주제나 생각을 사람들에게 가장 잘 전달할 수 있는 장르는 무엇일지 고민해보자.

1. 책의 장르는 무엇인가

　우리가 쓰는 책의 기본적인 성격은 에세이다. 에세이라고 하면 보통 감성적인 일상을 다루는 수필 정도로만 생각하는 사람들이 많다. 하지만 에세이의 범위는 아주 넓다. 에세이란 보편적인 산문을 말한다. 소설을 제외한 대부분의 책을 에세이라고 봐도 무방하다. 단지 책의 성격에 따라 구분되는 것뿐이다.
　보통 우리가 인식하는 에세이는 자전적 경험을 통해 느낀 생각과 감정을 담은 에세이다. 서점에서 에세이 코너에 자리한 책들이 이런 류의 책이다. 주로 감성적이고 재치 있는 성격을 띠고 있으며 독자들에게 공감과 잔잔한 위로를 전하는 책들이 많다.
　'오늘은 이만 쉴게요', '언어의 온도', '나는 나로 살기로 했다' 등이 자전적 에세이의 성격을 띠고 있다.
　다음은 우리가 흔히 자기계발서라고 인식하는 자기계발 에세이다. 자전적 에세이와는 달리 작가가 겪은 어려움이나 장애물을 딛고 일어선 내용을 통해서 독자들에게 깨달음이나 메시지를 전달한다. 작가가 직접 겪은 일을 비롯해 다양한 사람들의 인터뷰 내용을 엮어 출판하기도 한다.
　'럭키 드로우', '1日 1行의 기적', '기록의 쓸모', '타이탄의 도구들' 등이 이 부류에 해당한다.

마지막은 자기계발적 에세이에서 조금 더 전문적인 내용을 다루는 에세이의 종류다. 이 부류의 책들은 특정한 분야나 주제에 대해 깊이 있는 고민이나 연구, 혹은 경험을 바탕으로 전문적인 견해나 지식을 전달하는 부류다. 이 부류의 책들도 보통 자기계발서로 분류되지만 앞서 설명한 부류의 책보다 좁고 깊은 이야기를 한다는 점에서 차이를 보인다.

'부자 아빠 가난한 아빠', '카네기 인간관계론, 성공론', '150년 하버드 글쓰기 비법' 등이 이에 해당한다.

위에서 예를 든 책들의 성격을 보면 조금 더 쉽게 이해가 갈 것이다. 당신이 쓰고자 하는 책의 성격은 무엇인가? 독자들에게 전하고 싶은 것은 무엇인가? 우리 책의 주제를 찾아가면서 조금 더 구체화해보자.

2. 나를 돌아보기

　우리가 하는 모든 이야기는 '나'에서 시작한다. '나'에 대한 얘기가 아니더라도 '내'가 어떻게 생각하는지, 어떻게 느꼈는지를 얘기한다. 그것이 아니라면 단순히 보고 읽거나, 들은 것을 그대로 전달하는 수준이지 우리의 이야기라고 할 수 없기 때문이다. 그래서 가장 먼저 스스로를 돌아보고 우리를 더 알아야 할 필요가 있다. 결국 모든 이야기는 우리 안에서 시작된다.

책 '기록의 쓸모'

　마케터로 일해오며 단순히 일을 더 잘하고 싶은 욕심에 습관적으로 기록을 해왔다. 기록의 도구는 노트, SNS, 업무일지, 스마트폰 메모, 녹음, 여행 후기 등 가리지 않았다. 이 기록들이 언젠가부터 새로운 콘텐츠가 되고 이야깃거리가 되면서 '언젠가 쓸 데가 있겠지.'라고 생각하던 저자의 생각이 옳았음을 느꼈다. 저자는 모든 기록은 생각의 고리를 만들고, 우리를 성장시킬 수 있는 자양분이 될 수 있다고 말한다.

책 '온천 명인이 되었습니다.'

20대부터 번아웃으로 힘들어하던 저자는 우연히 일본 온천의 매력에 빠졌다. 이후 일본 벳푸 지역의 온천을 찾아다니며 행복을 얻었다. 게다가 벳푸 지역에서는 온천 관광을 장려하기 위해 온천 명인도에 등록된 150여 곳의 온천 중 88곳의 온천에 입욕 후 도장을 받으면 '온천 명인'이라는 칭호를 부여했다. 그저 칭호일 뿐이었다. 하지만 그 아무 필요 없는 일에 매료되었고 그녀는 제7843대 벳푸 온천 명인이 되었다. 그녀는 행복을 느끼던 이 과정을 기록하였다.

예시를 든 책과 설명을 보면 어떤가? 바로 '나'에서 시작한 이야기다. 일을 더 잘하고 싶어서 시작한 '기록'과 번아웃에서 벗어나기 위해 시작한 '온천 여행'에 대한 이야기다. 이처럼 우리는 이야기의 주제를 거창하거나 멋진 것에서만 찾을 필요가 없다. 우리 안에는 얼마든지 거창하고 멋진 주제가 존재하고 있다.

우리는 앞서 Part 1(전자책 쓰기)에서 브레인스토밍을 통해 내가 다른 사람에게 알려줄 수 있는 노하우를 중점적으로 찾아보았다. 그러나 종이책은 그 범위를 넘어선 주제가 가능하다. 내가 가슴 뛰는 것, 내 삶을 돌아보며 느낀 것, 지금의 젊은 세대에게 꼭 해주고 싶은 이야기 등 훨씬 방대한 울타리에서 주제를 찾을 수 있다. 주제 찾기는 '나'를 돌아보는 것으로 시작한다. 다음의 질문들을 통해 스스로의 이야기를 떠올려보자.

- 나는 무슨 일을 해 왔으며 지금은 무슨 일을 하고 있는가?
  내가 해온 일을 바탕으로 나의 전문분야와 역량을 유추해보자.

- 내 인생에서 가장 슬펐던 순간은 언제인가?
  그 순간의 전과 후까지 연계하여 떠오르는 이야기(메시지)가 있는가?

- 내 인생에서 가장 기뻤던 순간은 언제인가?
  그 순간의 전과 후까지 연계하여 떠오르는 이야기(메시지)가 있는가?

- 내 인생의 가장 큰 시련(슬럼프)은 언제였는가?
  그 순간의 전과 후까지 연계하여 떠오르는 이야기(메시지)가 있는가?

- 가장 공감이 되었던 책이나 영화는 무엇인가?
  떠오른 책이나 영화가 공감된 이유가 무엇인가?

- 나의 취미는 무엇인가?
  취미를 갖게 된 이유와 매력은 무엇인가?

- 내가 극복해낸 나의 약점은 무엇인가?
  극복할 수 있었던 계기와 방법은 무엇인가?

- 다른 사람들은 경험하지 못한 자신만의 특별한 경험은 무엇인가?
  그 경험은 어떻게 하게 되었으며 그 일을 통해 무엇을 느꼈는가?

- 10년 전의 나에게 딱 한 마디의 말을 할 수 있다면?
  그 말을 하고 싶은 이유는 무엇인가?

- 나는 왜 책을 쓰고 싶어 하는가?
  책을 쓰려는 목적과 주제가 연계될 수 있을까?

  질문에 대한 답을 성실히 생각해보았는가?

앞에 언급한 질문에서 자신의 '이야기'를 떠올리게 했다. 나는 어떤 사람인지, 나는 어떤 이야기를 가지고 있는지 떠오르게 하기 위해서다. 머릿속에, 혹은 노트에 성실히 답변했다면 생각보다 우리에게 다양한 이야기가 있다는 것을 느꼈을 것이다. 그리고 그 속에서 사람들에게 나눌 수 있는 생각, 경험, 가치, 깨달음, 지식, 지혜 등이 있다면 책의 주제가 될 수도 있다.

그러나 떠올린 모든 것들이 책이 될 수는 없다. 책이 되기 위해서는 우리가 풀어낼 이야기가 충분해야 하기 때문이다. 게다가 필요하다면 추가 자료도 찾아야 하고 내가 책을 쓰는 목적과도 부합해야 한다. 그렇지 않으면 억지로 이야기를 쥐어 짜내느라 작가 본인도 힘들고 읽는 이도 힘든 책이 되고 말 것이다.

그럼 우리가 떠올린 이야기 중에서 어떤 이야기가 책의 주제로 발전할 수 있을까? 다음 단락을 통해 어떤 주제와 장르의 책을 쓸 수 있을지 알아보자.

3. 내가 쓸 수 있는 책

이 단락에서 세 가지의 질문을 할 것이다. 각 질문에 대한 답을 머릿속에 떠올려보자.

왜 책을 쓰려고 하는가

책을 쓰려고 하는 이유가 무엇인가? 왜 책을 쓰려고 하는가? 이 질문에 대한 대답이 명확해야 한다. 내가 왜 책을 쓰려고 하는지에 대한 답을 머릿속에 항상 가지고 있어야 한다.

책을 쓴다는 것은 많은 노력이 필요하다. 작가들도 책을 쓰는 것이 쉬운 일이 아니다. 매일매일 자신과 싸워야 한다. 더 쉬고 싶어도 글을 써야 하고, 남들은 놀고 있을 때 나는 글을 써야 한다. 그런데 내가 왜 책을 쓰려고 하는지 명확하지 않다면 어떤 주제로 책을 쓰던지 그 책은 세상에 나오기 힘들게 된다.

우리가 어떤 장르의 어떤 책을 쓰게 될지 몰라도 우리가 책을 쓰려고 하는 이유와의 연관성을 항상 염두에 두자. 이것이 책을 완성하는 과정에서 가장 큰 동기가 될 것이다.

그러니 먼저 이 질문에 대한 답을 떠올려보자.

"왜 책을 쓰려고 하는가?"

쓰고 싶은 이야기는 무엇인가

책을 쓰고 싶은 사람들은 한 번쯤 책으로 쓰고 싶은 이야기들을 떠올리는 경험을 한 적이 있을 것이다.

'이 이야기를 책으로 쓰면 어떨까?'
'이 이야기가 책으로 만들어질 수 있을까?'

그중에 유독 머릿속을 떠나지 않는 생각은 무엇인가? 당신이 세상에 하고자 하는 이야기는 무엇이며 세상에 나누고자 하는 것은 무엇인가? 단순히 '나는 잘난 사람이야.'라는 메시지는 아닐 것이다.

하고 싶지 않은 이야기를 긴 시간 동안 하는 것은 참으로 어려운 일이다. 그럴듯해 보이기 위해 애써야 하고 이야기를 쥐어 짜내듯 끌고 가야 한다.

그러나 진정으로 하고 싶었던 이야기를 하는 것은 어떤가? 내가 하고 싶은 말을 마음껏 쏟아내는 것이기에 의욕적으로 진심이 담긴 글을 써 내려갈 수 있다. 진심이 담긴 글은 티가 나게 되어있다. 진심이 담긴 글은 더 잘 전달된다. 작가의 진심이 독자에게 전달된다.

진심을 다해 할 수 있는 이야기를 떠올리자. 진중한 이야기가 아니더라도 좋다. 대단한 깨달음이나 지혜가 아니어도 좋다. 가벼운 이야기도 좋다. 다만 진정으로 책을 통해 세상에 전하고 싶은 이야기가 무엇인가?

진심을 다해 전하고 싶은 것은 무엇인가?

이 기준에 부합하는 것은 무엇인가?

할 수 있는 이야기는 무엇인가

이것은 현실적인 문제다. 하고 싶은 이야기의 분량이 3페이지를 넘기지 못한다면? 하고 싶은 이야기의 전문적인 지식이나 경험이 전무하다면?

물론 책을 쓰는 과정에서 자료조사와 더불어 사례 조사가 필요하다. 하지만 이것만으로 책을 써나가기엔 무리가 있다. 책이란 내 생각과 경험을 전달하는 일이지 각종 자료와 사례만을 남발하는 것은 연구자료일 뿐이다. 쓸 수 있다는 것은 기본적으로 해당 주제에 대한 경험이나 지식이 갖춰진 상태를 말한다. 혹은 경험이나 지식이 갖춰진 주제 안에서 결정해야 한다. 그러므로 객관적으로 내가 쓸 수 있는 주제는 무엇인지를 진지하게 고민해야 한다. 의욕만 앞서 시작했다가 되려 좌절감만 맛볼 수 있기 때문이다.

충분한 지식 혹은 경험을 가지고 있는가? 자료나 사례를 충분히 조사할 수 있는 주제인가? 내가 직접적으로 연관된 주제인가? 나를 통해서 전달할 수 있는 주제인가?

이 물음에 대한 답을 충분히 고민해보고 다음 단락을 읽자.

떠오르는 주제가 없을 때는

주제를 선정하는 것은 어찌 보면 상당히 어려운 일이다. 처음 책을 쓰는 사람들에게는 말이다. 처음이다 보니 더 힘이 들어가고 의욕이 앞서고 기대감이 크다. 하지만 주제를 선정하는 것은 어찌 보면 그리 어려운 일이 아닌 것처럼 느껴질 때도 있다. 도서관에 가서 주제와 상관없이 모든 서가의 책을 한 번 다 훑어보라. 아마 생각의 벽이 허물어지는 느낌을 받을 것이다.

책을 많이 읽는 사람일수록 주제를 쉽게 찾을 수 있다. 그만큼 다양한 주제를 직접, 혹은 간접적으로 접해보았기 때문이다.

'아 이런 책도 있구나?'
'와! 이런 게 책으로도 나오네?'

이런 생각을 해본 적이 있는가? 어찌 보면 별것 아닌 주제의 책이 생각보다 매우 많다. 그러니 우리도 너무 어렵게만 생각할 필요는 없다.

이 단락에서는 주제를 찾기 어려울 때 우리의 외부에서 주제를 찾는 방법을 소개하려 한다. 생각보다 많은 책들이 이러한 방법을 통해 출판되고 있다. 그러니 당신이라고 못할 리 없다. 내 안에서 주제를 찾지 못했다면 외부에서 찾아보자.

책 '이순신의 두 얼굴'

저자는 당시 금융기관의 간부급 임원이었다. 우연히 접한 전쟁 영웅들의 전기에 흥미를 느끼던 중 우리나라의 전쟁 영웅인 이순신에 대한 관심이 생겼다. 이후 이순신과 관련한 책과 고서들을 모두 읽어 나가기 시작했다. 작가는 이순신이라는 영웅이 때로는 실수도 하고 고난도 겪으며 평범했던 스스로를 끝없이 단련해 나간 것을 알게 된다. 작가는 이 이야기를 기반으로 평범함을 비범함으로 바꾼 이순신에 대한 책을 출판했다.

책 '슬램덩크 승리학'

일본의 만화로 유명한 슬램덩크. 작가는 승리하기 위해 갖춰야 하는 조건을 슬램덩크를 통해 설명한다. 총 26개의 장마다 슬램덩크의 장면과 대사를 통해 주제를 던지고 주제에 대한 자신의 의견을 풀어나간다.

책 '이순신의 두 얼굴'은 작가가 책을 읽으면서 떠오른 생각들을 치열하게 정리하며 펴낸 책이라고 볼 수 있다. 이런 경험은 누구나 할 수 있다. 언젠가 책을 읽으며 갑자기 영감이 떠오른 기억이 있는가? 이 책은 그 영감을 놓치지 않고 행동으로 옮겨 탄생시킨 책이다.

'슬램덩크 승리학'은 또 어떤가? 누구나 흔하게 볼 수 있던 만화에서 영감을 얻었다. 만화는 보통 주인공과 그 친구들이 공통된 목표를 향해 달려간다. 그 과정에서 수많은 장애물을 만나게 되고 갈등을 겪으면서 결국에는 목표를 이뤄내는 과정을 보여준다. 작가는 주인공들이 장애물을 극복해내는 과정과 대사들에서 영감을 얻었다. 이 영감을 우리 삶에 적용하고 그 안에서 얻을 수 있는 교훈을 작가의 입장에서 풀어냈다.

이처럼 책의 주제는 어찌 보면 어려울 수도 어찌 보면 쉬울 수도 있다. 만약 좀처럼 내 안에서 주제를 발견하기 어렵다면 시야를 넓혀 외부에서 주제를 찾아보자.

그래서 어떤 책을 쓸 것인가

왜 책을 쓰고 싶은지, 어떤 이야기를 하고 싶은지, 어떤 책을 쓸 수 있는지에 대한 답이 모아지는 주제가 있다면 내 안에서 출발할 수 있는 좋은 주제가 될 것이다. 내 안에서 그런 주제를 발견하지 못했다면 외부에서 주제를 찾아볼 수 있었다.

이제는 그 주제를 효과적으로 전달할 수 있는 방법은 무엇인지 생각해보자. 방법은 간단하다. 이미 출판된 책에서 그 힌트를 얻으면 된다. 단, 독립출판이나 자비출판된 책은 제외하자. 독립출판과 자비출판 된 책들은 특정한 목적을 가지고 출판되었거나 독특한 개성을 강조한 책일 가능성이 크기 때문이다.

우리의 목적은 출판사를 통해 정식 출판 계약을 하는 것이다. 따라서 대형 서점이나 규모가 큰 도서관을 찾아 우리가 추구하는 주제와 비슷한 책들을 찾아보자. 자세히 정독할 필요는 없다. 책의 분위기, 이야기를 풀어가는 방식, 메시지를 전달하는 방법 등을 이해하는 수준이면 충분하다. 이 중 사람들의 선호도가 높거나 메시지가 잘 전달되는 책을 구매 / 대여해서 조금 더 자세히 들여다보자.

이 책들을 참고해서 내가 할 수 있는 방식, 메시지, 세부 장르를 결정하자. 이때 가장 중요한 것은 '내'가 할 수 있는 것을 명확히 파악하는 것이다. 단지 멋져 보여서, 사람들이 선호해서 무작정 따라 하는 것이 아니다. 좋은 책들을 통해 내가 할 수 있는 것들을 간접적으로 유추하는 것이다.

지금까지 내 책의 주제와 장르에 대해 설명했다. 지금까지 떠올린 주제 중 3가지를 선정하고 뒤에 제시할 표를 이용해 그 중 최종 주제를 선택해보자.

4장   정리

우리 책의 장르는 무엇인가.

– 소설을 제외한 대부분의 장르는 사실 에세이다.
– 전달하고자 하는 메시지, 내용에 따라 구분하자.
– 내가 하고자 하는 이야기는 어떤 장르에 어울릴까?

나를 돌아보기

– 모든 이야기는 '나'에서 출발한다.
– 내가 할 수 있는 이야기는 무엇인가?
– 이야기를 통해서 전할 수 있는 메시지는 무엇인가?

내가 쓸 수 있는 책

– 왜 책을 쓰려고 하는지 떠올리기
– 쓰고 싶은 책이 무엇인지 떠올리기
– 쓸 수 있는 책이 무엇인지 떠올리기
– 주제는 외부에서도 찾을 수 있다.
– 많은 책을 둘러보자.
– 내 메시지를 가장 잘 전달할 수 있는 방법을 선택하자.

실습 3 내 책의 주제 / 장르 정하기

각 항목에 따라 1점부터 10점까지 점수를 부여하자.

구 분	주 제 1	주 제 2	주 제 3	종합점수
책을 쓰려는 이유와의 연관성				
내가 쓰고 싶은 주제인가?				
내가 쓸 수 있는 주제인가?				

전달하고자 하는 메시지가 가장 어울리는 장르는 무엇인가?

구 분	주 제	종합점수
자전적 에세이		
자기계발 에세이		
전문적 에세이		

내 책의 콘셉트 정하기

책의 콘셉트란 말이 모호하게 들릴 수도 있다. 디자인적인 측면으로 이해할 수도 있고 이야기를 풀어가는 방식으로 이해할 수도 있다.

여기서 설명할 콘셉트란 차별화와 일관성을 뜻한다. 내가 쓴 책의 기획 의도, 예상 독자, 전하고자 하는 메시지가 다른 책과 차별화되면서 서로 융합되어야 한다. 이는 책의 전략이라고 볼 수도 있다.

실제로 인쇄까지 모두 끝난 책이 각 서점에서 판매되기 직전에 전량 회수된 적이 있다. 이유는 간단했다. 책의 표지가 콘셉트와 맞지 않아서다. 물론 금전적 손해를 생각하면 그대로 판매를 개시할 수도 있다. 하지만 독자의 눈과 관심을 사로잡지 못한 책은 오래갈 수 없다. 오래가지 못한다는 것은 그대로 절판됨을 나타낸다. 더는 태어나지 않는 책이 되는 것이다.

이를 피하려면 나와 비슷한 주제의 책 중에서 더 돋보일 수 있고 독자에게 더 효과적으로 전달되기 위한 콘셉트를 찾아야 한다. 다른 책과 별다른 점이 없는 책은 그저 그런 이야기밖에 할 수 없다. 따라서 더 매력적인 제목이나 표지를 만들 수도 없다. 하지만 무작정 자극적인 요소를 찾으라는 뜻은 아니다. 자극적인 요소는 단지 하나의 소스에 불과할 뿐이다. 그럼 어떻게 차별화할 것인가? 어떤 일관성을 가질 것인가?

뒤에 이어질 내용을 통해 우리만의 콘셉트를 찾아보자.

1. 나의 경쟁 도서 확인하기

　우리는 앞에서 책의 주제와 장르를 선정했다. 이를 바탕으로 우리와 경쟁하게 될 책들을 먼저 확인해야 한다. 그래야 우리가 써야 할 책의 콘셉트를 명확히 세울 수 있다. 이 단계를 거치지 않고 초고를 먼저 작성하게 된다면 아마도 초고 원고 전체를 다 수정해야 할 수도 있다. 그러니 아직은 초고에 대한 급한 마음은 버리고 매일 한 시간 이상 글쓰기 근육을 키우는 것에 집중하자.

경쟁 도서 목록 만들기

　우리의 주제/장르와 유사한 책들을 찾아보자. 교보, yes24, 알라딘 등 대형 서점 홈페이지를 통해서 약 20권의 책 리스트를 만들자. 리스트를 만들 때 주간과 월간/누적 판매량을 구분해서 작성하자. 주간과 월간의 베스트셀러는 최근 주목받고 있는 책을 나타내므로 독자들의 현재 관심사나 취향, 트렌드를 유추할 수 있으며 누적 판매량은 해당 주제에서 꾸준히 사랑받는 책으로서 독자들이 신뢰하는 책을 나타낸다.

　단 책의 판매량을 이용해서 리스트를 작성할 때 판매 순위가 책의 완성도와 일치한다고 판단할 필요는 없다. 판매량은 작가의 유명세와 마케팅 등 여러 요소가 복합적으로 작용한다. 순위는 단순 참고 사항 정도로 생각하고 해당 주제에서 상대적으로 성공한 책 20권을 살펴본다고 생각하자.

경쟁 도서 분석하기

가까운 도서관 혹은 오프라인 서점에서 리스트에 작성된 책을 직접 확인하고 읽어보자. 이때 가급적 모든 책을 정독하길 권장한다. 경쟁 도서를 분석하는 것은 단지 책의 목차 구성이나 디자인을 확인하는 과정이 아니다. 정독해야 그들이 책을 어떻게 써나가는지 파악할 수 있다. 이를 통해서 선배 작가들의 장점은 내 것으로 흡수하고 단점을 보완할 방법을 유추해야 한다.

우리는 최소 20권 이상의 책을 읽어야 한다. 시간이 많이 소요될 것이다. 따라서 잘 읽히지 않거나 배울 것이 없다고 판단되는 책은 빠르게 내려놓아도 된다. 단, 이 책이 왜 잘 읽히지 않는지, 이 책의 단점이 무엇인지 명확히 떠오른 후에 내려놓기를 바란다. 우리는 지금 단순히 독서를 하는 것이 아니기 때문이다. 우리는 '분석'을 하고 있다. 책 한 권에서 적어도 한 가지는 얻어내야 한다. 그리고 이렇게 얻어낸 내용은 한 곳에 잘 정리해두자. 이 내용이 우리 책의 콘셉트를 잡는 데 기초 자료가 될 것이다.

만약 당신에게 영감을 많이 주거나 참고할 부분이 많은 책이 있다면 꼭 구매해서 읽도록 하자. 물론 도서관에서 책을 마음껏 대여할 수 있다. 그러나 책을 쓰는 과정에서는 수시로 다른 책을 참고해야 하는 일이 잦고 책에 기록을 하거나 표시를 하는 경우도 있다. 따라서 자주 펼쳐보거나 기록이 필요한 책이라 판단되면 망설이지 말고 구매하자. 책이 우리 주변에 많을수록 우리가 다룰 수 있는 울타리도 넓어진다.

많이 보고 많이 느끼자. 그리고 더 나은 책을 만들겠다고 다짐하자.

2. 내 책이 팔리는 틈새 찾기(시장조사)

 앞서 같은 주제의 수많은 경쟁 도서를 살펴보았을 것이다. 그런데 우리는 책을 살펴보면서 한 가지의 목적을 더 가져야 한다. 과연 다른 책은 어떤 전략과 콘셉트를 가지고 만들어졌을까?

 이미 출판된 수많은 책은 저마다의 콘셉트를 가지고 있다. 게다가 베스트셀러나 스테디셀러에 오른 책은 이미 독자들을 사로잡은 검증된 콘셉트의 책이다. 그런데 우리는 이 책들과 경쟁해야 한다. 우리가 앞에서 살펴본 모든 책은 사실 우리의 경쟁상대다. 같은 주제의 책으로서 우리의 책이 출판된 후 경쟁해야 하는 상대인 것이다.

 우리는 이 책들과 어떻게 경쟁할 것인가? 이미 베스트셀러 반열에 오른 책들과 초보 작가가 쓴 책이 경쟁한다고 생각해보자. 얼마나 승산이 있을까? 아마 매우 적은 확률이지 않을까? 그래서 우리는 책을 살펴보고 시장조사를 통해서 우리 책의 콘셉트를 차별화해야 한다.

 앞서 경쟁 도서들을 분석한 내용은 각 책의 장점과 단점, 특징들이다. 여기에 몇 가지를 더 분석하여 추가하면 된다.

예상 독자(타깃)

경쟁 도서들이 제목 혹은 목차에서 특정하는 사람들이 있는가? 또는 책의 본문 내용을 비추어 볼 때 떠오르는 사람들의 연령대, 성별, 직업, 특성, 관심사 등이 있는지를 살펴보자. 모든 책은 예상 독자를 설정하고 그에 맞춰 집필한다. 따라서 경쟁 도서가 설정한 예상 독자를 파악하고 우리는 어떤 예상 독자를 설정할지 생각하자. 이미 베스트셀러 반열에 있는 도서와 동일한 예상 독자를 설정하는 것은 되도록 피하고 우리 이야기에 관심을 가질 예상 독자를 구체적으로 떠올려보자.

주제의 특징

같은 주제라도 작가가 바라보는 눈높이가 다르거나 소재를 다르게 풀어낼 수 있다. 예를 들어 '세계 여행'이라는 주제를 다룬다고 해도 세계 여행을 어떻게 준비해야 하는지에 대한 책, 세계 여행 중 꼭 가봐야 하는 곳을 소개하는 책, 세계 여행을 다녀온 사람이 느끼는 여행 후의 일상 등 다양한 소재를 활용해서 책을 집필할 수 있다.

일상에 대한 자전적 에세이도 마찬가지다. 일상은 작가가 누군지에 따라 내용이 달라진다. 40대 가정주부가 바라보는 일상과 20대 대학생이 바라보는 일상이 다를 수밖에 없듯이 말이다.

이처럼 경쟁 도서가 우리의 주제 안에서 어떤 특징을 가지고 있는지 파악하자. 그리고 그들과 차별화할 수 있는 것은 무엇이 있을지 생각해보자. 식상한 것만큼 치명적인 단점은 없다.

특히 같은 주제 내에 유독 많은 책이 출판되었다면 더 철저히 다른 책들의 특징을 살펴봐야 한다. 경쟁상대가 많을수록 우리의 책이 더욱 돋보이게 하자. 다른 작가들과 차별화된 나만이 할 수 있는 것을 찾자.

3. 나만의 콘셉트 완성하기

지금까지 다양한 책을 분석하면서 장점과 단점, 특징 등에 대해 확인했다. 이제 이 내용을 바탕으로 우리만의 콘셉트를 정해야 한다. 여러 항목에 대한 답변으로 우리 책의 콘셉트를 완성해보자.

나를 소개하기

요즘은 TV 혹은 유튜브 등을 통해서 손쉽게 강연을 접할 수 있다. 그리고 모든 강연은 시작과 동시에 강연자가 누군지에 대한 소개를 하게 되어있다. 이유는 어떠한 주제에 대한 이야기를 누가 하느냐에 따라 참석자들의 몰입도가 달라지기 때문이다.

예를 들어 부동산에 대한 강연을 한다고 치자. 만약 강연자가 실전 투자 경험 없이 국내에 출간된 모든 부동산 책을 통해서 1년간 공부만 한 대학생이라고 한다면 그의 강연에 관심이 가겠는가? 야구 선수가 축구에 관한 지도를 해준다면 믿음이 가겠는가?

우리는 책의 주제에 대해 이야기할 수 있는 사람이어야 한다. 독자들이 우리의 이야기에 수긍할 수 있어야 한다. 우리는 왜 이 주제에 대해 이야기할 수 있을까?

만약 당신이 20대 젊은 사람들을 응원하고 위로하기 위한 책을 쓸 것이라면 그에 타당한 배경이 있어야 한다. 20대에 큰 좌절을 겪었지만 결국 이겨내고 자신의 길을 찾은 경험을 내세운다든가, 성인이 됨과 동시에 난치병 판정을 받고 모진 시간을 견뎌내 마침내 꿈도 이루고 난치병도 이겨낸 사람이라든지 말이다.

예를 든 사례처럼 대단할 필요는 없다. 물론 대단한 배경이 있다면 그만큼 사람들의 시선을 사로잡을 수는 있다. 그러나 우리에게는 단지 우리가 주제에 대해 이야기할 수 있는 자격이 있다는 것만 안내해주면 된다.

이별만 30번 겪은 노총각이 알려주는 연애의 기술이라든지 ('나처럼 연애하지 마세요' 같은 콘셉트가 될 것이다.), 50대가 되어보니 느껴지는 삶의 소중한 것들처럼 자연스러운 소개도 좋다. 독자들이 당신의 이야기를 들어야 할 이유를 알려 주자. 그들이 당신을 신뢰할 수 있는 이유를 찾자.

예상 독자

당신이 쓸 책이 사람들에게 필요한 책인가? 더 나아가서 누구에게 필요한 책인가? 당신의 책을 누가 읽을 것인가? 그리고 그들은 기꺼이 돈을 지불하고 책을 구매할 것인가?

이 질문들에 답을 할 수 없다면 아마도 책은 팔리지 않을 것이다. 그 누구에게도 흥미를 줄 수 없기 때문이다. 그래서 예상 독자를 구체적으로 설정해야 한다.

예상 독자를 설정하는 것은 어렵지 않다. 먼저 '나'의 과거를 떠올려보자. 이 책을 쓰기 전 어떤 일이 있었는가? 어떤 어려움을 겪었고 어떤 과정을 통해서 지금의 모습이 되었는가? 느낀 것은 무엇인가? 그리고 당신이 과거에 겪었던 어려움을 겪고 있을 사람들은 누구인가? 도움이 필요한 사람은 누구인가?

머릿속에 떠오르는 이미지가 있다면 기록하자. 성별, 연령대, 직업, 관심사, 겪고 있는 고민과 어려움 등 상상할 수 있는 가장 구체적인 모습을 떠올려보자. 그들이 우리의 예상 독자가 될 것이다.

그들이 가진 문제와 고민을 떠올리고 그들이 쓰는 언어를 떠올리고 그들이 원하는 위로의 방법을 떠올리자. 그리고 지금부터 우리의 책은 예상 독자들을 위해 만들어져야 한다. 그들이 우리의 책을 구매할 것이기 때문이다.

기획 의도

이 책을 왜 쓰기로 했는지 떠올려보자.

- 저성장 시대 20대 젊은이들에게 희망과 용기를 주고 싶어서

- 신혼부부에게 결혼 생활의 지혜를 나눠주고 싶어서
- 첫아이를 가진 초보 엄마들에게 따뜻한 육아서를 주고 싶어서
- 점수가 아닌 원어민과 소통하는 영어를 알려 주고 싶어서
- 워킹홀리데이에 환상을 가진 사람들에게 현실을 알려 주고 싶어서
- 평생 일만 해 온 가장들에게 따뜻한 감사와 위로를 보내고 싶어서
- 인생의 황혼기에 접어든 이들에게 용기와 희망을 주고 싶어서

처음 당신의 책을 쓰기로 했던 이유는 무엇인가? 이 책으로 인해서 어떤 것을 주려고 했는가? 우리가 쓰려고 하는 책의 핵심을 떠올려 정리해보자.

콘셉트 완성하기

앞에서 설명한 항목들에 대한 답을 떠올리자. 이 책을 쓴 당신은 누구이며 어떤 메시지를 누구에게 주기 위한 책인가. 이 답들을 한 문장으로 요약하자.

굳이 필요하지 않은 표현은 과감히 잘라내도 좋다. 책의 제목이나 부제를 만든다 생각하고 우리의 콘셉트를 완성해보자.

이 콘셉트를 기초로 이제는 진짜 우리의 책을 쓸 차례다.

5장 정리

나의 경쟁 도서 확인하기

– 경쟁 도서 리스트 만들기(20권)
– 경쟁 도서 정독하기
– 경쟁 도서 장 / 단점 분석하기

내 책이 팔리는 틈새 찾기

– 경쟁 도서의 예상 독자 파악하기
– 경쟁 도서의 특징(콘셉트) 파악하기
– 내가 보완할 수 있는 부분 파악하기

나만의 콘셉트 완성하기

– 내가 누구인지 떠올리기(자격)
– 내 예상 독자 설정하기
– 내 책의 기획 의도 떠올리기

실습 4 내 책의 콘셉트 정하기

구 분	이 유
작가소개 이 책을 쓸 수 있는 이유	
기획 의도	
경쟁 도서	
예상 독자	

6장
목차 만들기

　우리가 책을 선택하거나 구매하는 과정을 떠올려보자. 가장 먼저 제목을 본 후 목차를 살펴본다. 내가 원하는 내용이 있는지, 나에게 맞는 책인지, 이 책에서 도움을 얻을 수 있는지 목차를 보고 판단한다.

　수준이 높은 독자들은 목차만 보고도 책의 가치를 짐작하기도 한다. 또한 출판사 입장에서도 목차가 매력적이지 못하다면 쉽사리 출판 계약을 하기 어렵다. 매력적이지 않다는 것은 그만큼 시장성이 떨어진다는 말이기 때문이다.

　목차는 책의 내용을 쉽게 파악할 수 있어야 하며 독자가 원하는 것을 매력적으로 어필해야 한다. 또한 우리 책의 콘셉트가 일관되게 반영되어야 하며 목차만으로도 논리적인 주장이 가능해야 한다.

게다가 목차를 잘 설계해 놓으면 본문을 쓰는 부담이 줄어든다. 이미 전개 순서를 잘 설계해두었으니 그 안에서 소제목에 맞게 해야 할 말만 써나가면 되기 때문이다.

이번 장을 통해 매력적인 목차를 만들어보자. 우리의 목적은 출판사와 독자를 모두 사로잡을 수 있는 목차를 만드는 것이다.

1. 키워드 떠올리기

 책의 콘셉트를 확고히 정했다면 그 안에서 우리가 하고 싶은 이야기와 해야 할 이야기들이 있을 것이다. 만약 당신이 '음악'에 대한 이야기를 하고 싶다고 가정해보자. 악기부터 장르, 시대의 흐름에 따른 유행, 대표적인 작곡가, 연주자, 가수 등 수많은 키워드가 떠오를 것이다. 이 작은 키워드들은 모두 우리 책의 '소제목'이 될 것이다. 그리고 비슷한 성격의 소제목이 모여 '절'과 '장'을 이루고 책의 전체적인 흐름에 따라 장을 묶어 '부'로 분류한다.

 전문 작가들도 책을 구성할 때는 책의 주제에 맞는 이야깃거리를 먼저 찾는다. 책에서 다룰 주제에 대해 얘기할 수 있는 소재나 키워드를 먼저 찾아낸다. 이후 앞에서 설명한 것과 같이 분류 작업을 한다.

 신문이나 잡지, 그 외 정기 간행물을 보면 칼럼이 실려있다. 칼럼은 작가의 일관된 시각이나 주관을 바탕으로 만들어진다. 매주 소재나 주제가 달라질 뿐 작가의 일관된 주관이 바탕이 되는 것이다. 우리가 만들 목차도 이와 다르지 않다. 선택한 주제에 대해 1년 동안 매주 칼럼을 연재한다고 상상해보자. 매주 어떤 이야기들을 통해서 이야기를 전할 것인가? 머릿속에 떠오르는 키워드들을 모두 적어보자.

　떠오르는 키워드는 많을수록 좋다. 계속 떠오른다면 멈추지 말고 계속 적어보자. 단어로 풀어내도 좋고 문장으로 풀어내도 좋다. 보통 책이 되기 위해서는 30~40개의 꼭지, 즉 소제목이 필요하다. 가능하다면 이보다 많은 수의 키워드를 먼저 떠올려보자. 책을 써나가면서 불필요하거나 어울리지 않는 소제목은 걷어내면 된다. 미리 모자라지 않게 넉넉히 준비하자.

2. 목차의 순서와 구성

키워드를 모두 뽑아냈다면 정리를 할 차례다. 먼저 책의 흐름을 생각하자. 시간적인 흐름을 가지고 있는가? 서론-본론-결론의 흐름을 가지고 있는가? 단편적인 이야기들의 전개인가? 흐름에 따라서 순서를 정해 키워드를 분류하고 비슷한 성격 혹은 순서를 가진 키워드끼리 묶어보자.

목차를 구성할 때는 서열을 생각해야 한다. 스포츠에도 구기 종목 안에 축구, 농구, 야구 등이 포함되듯이 목차 안에도 서열이 필요하다. 가장 낮은 서열의 소제목들을 묶어 절, 혹은 장을 구성하자. 이후 같은 방법으로 부를 구성한다.

이때 되도록 각 장이나 절 마다 비슷한 수의 소제목이 들어가는 것이 좋지만 이 부분은 본문을 쓰면서 분량에 따라 조정이 가능하기 때문에 처음에는 흐름에 맞는 목차를 구성하는 것에 초점을 맞추자.

만약 책에 포함하고 싶은 목차이지만 아직 제대로 된 자료조사나 지식이 부족한 상태라면 일단 넣자. 우리는 현재의 수준으로만 책을 쓰는 것이 아니다. 책을 쓰는 동안 지속해서 자료를 찾고 참고할 책을 읽고 사례를 찾아내야 한다. 꼭 필요한 목차라면 고민하지 말고 포함해서 목차를 완성하자.

3. 목차의 이름 정하기

목차의 이름을 정할 때 고려해야 할 첫 번째 요소는 '독자'다. 독자를 최우선으로 생각해서 목차의 이름을 결정해야 한다. 좋은 목차일수록 독자가 이해하기 쉽다. 시중에 출판되는 대부분의 책은 전문직종 종사자들이 아닌 일반 대중을 위한 책이다. 따라서 누구나 이해하기 쉽도록 목차의 이름을 구성해야 한다. 설령 책의 주제가 전문적인 지식이라 할지라도 각 목차가 어떤 내용을 다루는지 누가 봐도 이해할 수 있도록 만들어야 한다.

목차의 이름을 정할 때 고려해야 할 두 번째 요소는 '흥미'다. 예상 독자들이 목차를 통해 흥미를 느껴야 한다. 목차를 살펴보고 본문을 궁금해하도록 해야 한다. 물론 출판 계약을 한 후 출판사에서 더 매력적으로 다듬을 수 있지만, 우리가 출판사의 문을 두드리기 위해서는 이미 매력적인 상태의 목차를 만들어 두는 것이 훨씬 유리하다.

우리의 경쟁 도서와 모델로 뽑은 책의 목차를 살펴보자. 어떤 방식으로 목차의 이름을 구성하는가? 어떤 방식으로 독자의 흥미를 유발하는가? 우리의 목차도 비슷한 수준으로 구성해보려 노력해보자. 출판사의 손을 거쳐 탄생한 책들이기에 출판사의 최소 눈높이가 어느 정도인지 가늠할 수 있을 것이다.

> **예**
> 목차 이름 정하기 → 독자의 지갑을 여는 목차
> 무더운 날 떠오른 생각 → 그해 여름, 그리고 다시
> 부동산 경매 입찰 과정 소개 → 2,000만 원으로 내 집 마련하기?
> 우울증이 찾아왔다. → 어느 날 모두 행복했다. 나만 빼고.

이처럼 다른 방식으로 우리의 목차 이름을 구성해보자. 물론 어색하고 어려울 수 있다. 하지만 무엇이든 많이 보는 만큼 더 잘 보이고 많이 하는 만큼 잘하게 되어있다. 다양한 책, 유튜브 영상 제목, 광고 등을 통해서 많은 힌트를 얻고 많이 시도해보자.

6장 정리

키워드 떠올리기

– 내 주제와 연관된 모든 것을 떠올리기
– 불필요한 것들은 나중에 걷어내면 된다.
– 칼럼을 연재한다고 생각하자.

목차의 순서와 구성

– 비슷한 것, 어울리는 것끼리 묶어 분류하기
– 목차의 서열에 따라 구성하기
– 책의 흐름에 어울리는 순서 배치하기

목차의 이름 정하기

– 독자가 이해하기 쉽게 만들기
– 흥미를 유발할 수 있게 만들기

7장
출간 계획 세우기

출간 계획 혹은 집필 계획이라는 것을 처음 알게 된 사람도 있을 것이다. 단순히 매일 글을 쓰다 보면 분량이 생겨나고 분량이 생겨나면 그것이 책이 되는 것 아니냐고 생각할 수도 있다. 하지만 책을 쓴다는 것은 매일 일기를 쓰는 것과는 다르다. 의도가 있으며 목표가 있다. 게다가 하루아침에 끝나는 일도 아니다.

책을 여러 권 집필한 작가들은 이 출간 계획서에 대한 중요성을 안다. 출간 계획을 세우는 것과 세우지 않는 것의 차이를 뼈저리게 느껴보았기 때문이다. 오히려 베테랑 작가일수록 더욱 디테일한 출간 계획서를 만드는 경우가 많다. 그들은 여러 출판 경험을 바탕으로 일정을 더욱 세분화하여 출간 계획서를 제작한다. 그리고 계획서에 작성한 내용을 악착같이 지켜낸다.

우리에게도 출간 계획서가 필요하다. 단, 경험이 적기 때문에 세부적인 일정까지 파고들 필요는 없다. 매일 원고 작성이 가능한 시간을 파악해서 반영하는 수준으로 정하면 충분하다. 이 장을 통해 출간 계획이 필요한 이유와 방법을 확인하고 본격적인 책의 집필을 시작하자.

1. 출간 계획을 해야 하는 이유

　초보자일수록 책을 끝까지 쓰는 데 실패하는 경우가 많다. 이유는 대부분 비슷하다. 패기 있게 시작했으나 시간이 지나면서 책의 방향성을 잃어버리거나 구체적인 계획 없이 그저 하루하루 글을 쓰다 지치는 것이다. 이를 방지하기 위해서 출간 계획서가 필요하다.

　출간 계획서는 말 그대로 책을 쓰기 위한 계획을 세우는 것이다. 건물을 지을 때 꼼꼼한 설계도가 필요하듯이 책을 쓸 때는 출간 계획서가 필요하다. 출간 계획서는 우리가 집필할 책의 콘셉트을 잃지 않고 일관성을 유지할 수 있도록 한다. 종종 슬럼프를 겪거나 의지가 꺾일 때 출간 계획서는 다시금 작가들에게 처음 집필을 시작할 때의 의지를 심어준다.

　출간 계획서는 우리가 출판이라는 목적지를 향해 나아가는 지도다. 목적지와 도착 날짜가 정해져 있고 목적지를 향해 가는 이유와 이동 방법, 목적지에서 일어날 일들과 경쟁자들까지 자세히 기록된 소중한 지도다. 우리가 먼 길을 떠날 때 이런 지도가 없다면 어떨까? 아마도 길을 잃고 헤매거나 스스로 여정을 포기하고 집으로 돌아올 것이다.

출간 계획서는 동반자와도 같다. 책을 쓴다는 외로운 길을 함께 가는 동반자다. 지칠 때는 왜 계속 가야 하는지를 알려 주고 길을 잃었을 때는 우리가 가야 할 길을 안내한다. 책을 쓰면서 느낄 수많은 의문에 대해 출간 계획서가 많은 답을 줄 것이다.

2. 나를 알아야 계획을 세운다

　나를 모른다면 정확한 계획을 세울 수 없다. 나를 제대로 모르는 상태에서 계획을 세운다는 것은 단지 희망 사항을 주저리주저리 늘어놓는 것일 수도 있다. 따라서 우리 스스로에 대해 정확히 이해하고 달성이 가능한 계획을 세워야 한다. 그래야 계획을 달성하는 성취감도 얻으면서 더 추진력을 얻을 수 있다. 앞에서 언급했듯이 책을 쓴다는 것은 긴 호흡이 필요한 과정이다. 한순간 반짝 의지를 불태우는 일이 아니다. 급한 마음으로 달려들기 전에 나를 먼저 돌아보자.

　글쓰기 근육을 잊은 건 아닌지 모르겠다. 매일 한 시간 이상 글을 쓰며 우리가 쓸 수 있는 글의 분량을 확인하고 점점 늘려가는 과정을 말이다. 이 과정이 없이는 출간 계획서를 작성하기가 어렵다. 가장 먼저 하루에 얼마의 글을 작성할 수 있을지 알아야 하기 때문이다.

　작성해야 할 원고의 전체 분량으로 미루어보았을 때 며칠이면 초고를 완성할 수 있을지 알아야 한다. 이 책의 Part. 2 초반에서 언급한 하루 A4 한 페이지 분량의 글 작성이 가능하다면 100일이면 초고가 완성된다는 계산을 할 수가 있다. 물론 컨디

션이 좋지 않거나 예상하지 못한 일들로 인해서 며칠 정도 계획대로 진행할 수 없다고 해도 우리에게는 주말이 있다. 계획보다 부족한 분량은 시간의 여유가 있을 때 채우면 된다. 따라서 매일 한 시간 이상 원고를 작성한다는 생각으로 계획을 잡아야 한다.

먼저 매일 한 시간 동안 글을 쓰자. 목표는 한 시간 안에 A4 한 장을 채우는 것이다. 이 과정이 수월해진다면 보다 탄탄한 기본기는 물론이고, 출간 계획을 더욱 내실 있게 완성할 수 있을 것이다.

3. 출간 계획서 만들기

 출간 계획서는 대체로 책의 의도와 콘셉트, 집필 일정, 마케팅 방향 등을 미리 작성한다. 작가에 따라 본인이 생각하는 요소들을 더 추가하기도 한다. 하지만 초보자들의 단계에서 너무 많은 요소는 오히려 부담되거나, 생각이 많아지는 효과를 낳을 수 있기 때문에 꼭 필요한 요소들만 핵심적으로 작성해보자.
 만약 미래에 여러 권의 책을 집필하며 경험을 쌓게 되면 개인에 맞는 항목을 더 추가하여 작성할 수도 있다.

기획 의도

 이 책을 쓰기로 한 의도를 작성하자. 긴 호흡을 가지고 글을 쓰다 보면 시간이 지남에 따라 생각의 방향이 달라지거나 책의 중점에서 다소 멀어지는 경향이 생긴다. 이를 방지하기 위해 미리 출간 계획서에 기획 의도를 작성해 놓는다. 이를 통해서 시간이 지나더라도 책에 담아야 할 핵심을 놓치지 않고 같은 방향으로 집필을 할 수 있다.
 책을 통해 독자가 얻을 수 있는 것, 이 책이 다른 경쟁 도서에 비해 나은 점 등을 작성한다.

제목(가제)+부제

작가가 직접 생각한 제목을 적는다. 이 제목은 출판까지 그대로 이어질 수도 있지만, 대부분 수정을 거치고 출판을 준비하는 과정에서 제목이 변경된다. 따라서 가제라고 생각하고 제목을 작성하자.

원고 내용

원고에 들어갈 내용을 적는다. 구체적이고 상세하게 작성할수록 나중에 도움이 된다. 특히 이 책에서 가장 강조해야 하거나 끝까지 이어 나가야 할 메시지가 있다면 꼭 작성해두자.

작성할 때는 각 장이나 단락에서 다룰 내용을 미리 정리해둔다. 이미 목차를 작성하면서 한 번 머릿속으로 떠올려보았을 것이다. 출간 계획서에서는 이 내용을 조금 더 구체적으로 남겨둔다고 생각하자. 지금 생각한 내용과 글을 쓰는 당시에 느끼는 것이 다를 수 있으므로 지금 계획하는 내용을 꼭 남겨두자.

작가 프로필

나를 잘 어필할 수 있는 내용을 작성하자. 이 책의 작가로서 어떤 자격이 있는지 작성해도 좋다. 책의 표지 뒤에 나오는 작가의 소개처럼 장황하게 작성할 의무는 없다. 다만 작가의 특징과 경력이 잘 드러나는 소개를 준비하자.

프로필을 작성할 때는 단순히 경력을 나열하는 것보다 스토리텔링을 활용하여 작성하는 것을 추천한다. 스토리는 작가라는 사람에게 캐릭터를 부여하게 만들고 이 캐릭터는 퍼스널 브랜딩과도 연결될 수 있기 때문이다. 스토리가 가진 힘은 생각보다 강하다.

예상 독자

앞서 계획한 예상 독자를 작성하자. 책을 집필하는 과정에서 우리는 혼자 허공에 떠들고 있거나 불특정 다수에게 말하는 느낌을 받아서는 안 된다. 말을 할 때도 혼잣말을 하는 것과 누군가를 향해서 하는 말은 다르다. 우리의 이야기를 누구에게 들려줄 것인지를 명확히 해야 독자들도 잘 전달받을 수 있다.

우리는 책을 통해서 누군가에게 말을 해야 한다. 누구에게 말할 것인가? 당신의 이야기가 필요한 사람이 누구인가? 구체적인 예상 독자를 작성하자. 그들의 나이, 성별, 직업, 관심사, 고민, 취미, 특징 등 예상 독자를 구체화 시킬수록 우리가 쓰는 글은 더욱 쉬워지고 독자들에게 잘 전달될 것이다.

경쟁 도서

앞서 분석한 경쟁 도서들을 나열하자. 각 책이 가진 장점과 단점도 작성하자. 이는 우리가 책을 써나갈 때 반면교사 삼아야 할 것과 지향할 것을 조금 더 구체화 시켜줄 것이다. 많이 알고 있는 만큼 내 책을 더 좋게 만들 수 있다. 우리의 경쟁 도서라고 파악했던 책의 리스트를 모두 적을 것을 추천한다.

그리고 이 책들보다 내 책이 더 우수한 이유를 작성하자.

분량

희망하는 책의 분량을 정확히 떠올려보자. 예전에는 200자 원고지를 분량의 기준으로 삼았지만, 요즘은 원고지를 찾아보기도 어렵다. 한글 프로그램의 10포인트 100장 정도의 분량이 책으로는 약 300페이지 전후다. 이는 가장 보편적인 책의 분량이다. 이 분량을 기준으로 해서 내 책에 어울리는 분량을 어떻게 구성할지 계획하자.

자료수집 방법

책의 주제와 장르에 따라 자료를 수집하는 방법이나 분량이 다를 수 있다. 우리가 쓰고자 하는 책의 주제와 관련한 자료들을 직접 찾아보고 효율적인 방법을 계획하자.

만약 책이나 인터넷을 활용한 방법으로 부족하다면 직접 현장에서 눈으로, 귀로 자료를 수집해야 한다. 이럴 경우에는 구체적인 확인 계획을 세우자. 날짜, 장소, 이동 방법, 얻고자 하는 정보, 관련한 추가 정보 등 실속있는 자료수집을 위한 계획을 준비해야 한다.

자료를 수집한 후에는 별도의 폴더를 만들어 언제든 찾아보기 쉽도록 정리를 해야 한다. 기껏 자료를 수집해두고 어느 폴더의 어느 파일에 들어 있는지 찾지 못하는 불상사를 막자.

집필 기간

글쓰기 근육을 키우며 파악한 하루 혹은 시간당 작성량을 기준으로 계획된 집필 기간을 설정하자. 집필 기간을 여유 있게 설정하는 것보다 계산에 따라 정확하게 설정하는 것이 좋다. 예상하지 못했던 일들로 인해 집필이 늦어질까 봐 일부러 여유를 두고 기간을 설정하면 오히려 스스로에게 핑계를 대는 일이 많아진다.

'오늘은 너무 피곤해서', '내일은 주말이니까', '하루 정도는 쉬어도 좋지' 이처럼 일정이 여유로우면 다른 생각이 자꾸 떠오른다. 집중력도 떨어진다. 집필은 최대한 빨리 끝내는 것이 좋다.

원고의 초안이 완성되는 날짜를 계산하자. 하늘이 두 쪽이 나더라도 그 날짜에는 초안을 완성하자.

마케팅 계획

마케팅을 오로지 출판사의 몫으로만 생각하면 안 된다. 작가 역시 마케터가 되어야 한다. 따라서 책을 집필하는 기간에도 마케팅에 대해 고민해야 한다. 활동 중인 커뮤니티를 활용할 수 있는 방법, 개인 SNS를 활용할 수 있는 방법 등 최근 출판된 책의 작가들이 하는 마케팅 활동을 눈여겨보자. 그들은 어떤 마케팅 방법을 활용하는가? 내가 할 수 있는 방법은 무엇인가?

SNS 홍보, 블로그 홍보, 서평단 이벤트, 무료 강연회 등 작가들의 다양한 마케팅 활동을 찾아보자. 그들이 하는 활동을 눈여겨보면 마케팅 활동의 다양한 방법들이 보일 것이다. 만약 SNS나 블로그를 사용하지 않는다면 이번 기회에 시작을 진지하게 고민해 볼 필요가 있다. 사용하는 사람이 많은 만큼 파급력을 가지고 있기 때문이다.

지금까지 출간 계획서에 대해 알아보았다. 생각보다 많은 내용이 필요해서 부담을 느낄 수도 있다. 그러나 출간 계획서가 탄탄할수록 책을 쓰는 동안 정확한 방향으로 나아갈 수 있다. 또한 긴 기간 동안 지치지 않고 끝까지 완주를 할 수 있는 힘을 준다.

출간 계획서를 작성하면서 책이 완성되어 출판되는 모습을 상상해보자. 더욱 힘이 솟아날 것이다. 그리고 계획된 일정은 무조건 지키겠노라 다짐하자. 책을 쓰는 동안 늘 옆에 두고 수시로 들여다보자. 출간 계획서가 그 무엇보다 용기와 영감을 줄 것이다.

7장   정리

출간 계획을 해야 하는 이유

- 출간 계획서를 통해 내 책을 더욱 구체화시킨다.
- 책을 쓰는 동안 방향성이 흐트러지지 않도록 한다.
- 책 쓰기는 긴 여정이다. 이 여정의 동반자는 출간 계획서다.

나를 알아야 계획을 세운다

- 나를 모르고 계획하면 실패한다.
- 정확한 계획을 세우고 성취감을 얻자.
- 하루 원고 작성량을 파악하자.

출간 계획서 만들기

- 경쟁 도서 분석, 시장조사를 통해 얻은 정보를 활용하자.
- 구체적으로 작성할수록 큰 도움이 된다.
- 귀찮다고 대충 작성하지 말자. 큰 후회로 돌아온다.
- 출판된 책을 상상하며 작성하자.
- 가까이 두고 자주 읽어보자.

실습 5 출간 계획서 만들기

구 분	이 유
제목	
내용	
작가 소개	
예상 독자	
경쟁 도서	
분량	
자료수집 방법	
집필 기간	
마케팅 계획	

두렵지만 피할 수 없는 글쓰기

 당신은 벌써 책 쓰기의 절반을 끝냈다. 경쟁 도서를 분석하며 콘셉트를 완성했고 목차를 구성하며 책의 틀을 잡았다. 출간 계획서를 작성하면서 계획을 더욱 구체화시켰고 마케팅 계획까지도 떠올려보았다. 이제 남은 것은 원고를 완성하는 일이다.

 하지만 이 순간에도 책을 쓰는 것이 두려운 가장 큰 이유는 글쓰기일 것이다. 그리고 아래의 두 가지 생각이 그 두려움을 가장 크게 느끼게 만든다.

 - 긴 글을 써야 한다.

― 잘 써야 한다.

누구나 가질 수 있는 생각이다. 일을 위한 문서 작업을 제외하고 책 한 권의 분량에 달하는 글을 써본 사람이 얼마나 있겠는가? 누구나 두려움을 갖는 것은 당연하다. 하지만 극복할 수 있다. 당장 노벨 문학상을 목표로 책을 쓰는 것이 아니라면 더더욱 그렇다. 무엇이 그리 두려운가? 도서관에 놓인 수많은 책의 작가들도 모두 처음이 있었다. 그들도 두려워했다. 하지만 그들은 해냈다. 당신이라고 못 할 이유는 없다.

이 장은 글쓰기에 대한 두려움을 없애고 자신감 있게 글을 쓰도록 도움을 줄 것이다. 더 이상 준비할 것은 없다. 이제 본격적으로 '집필'을 할 차례다.

1. 글쓰기에 대한 오해

흔히 작가들에 대해 오해하는 부분이 있다. 작가들은 책상에 앉으면 영감들이 막 떠올라서 글을 막힘없이 써 내려갈 것이라는 상상 말이다. 정말 말 그대로 오해다. 작가들도 집필할 때는 누구보다 고통스러워한다. 생각을 글로 옮기기 위해 수없이 자신과 싸운다. 어떻게든 빨리 원고를 마무리 짓기 위해 발버둥 친다. 그들은 그런 어려움 속에서 어떻게 책을 완성 시킬 수 있었을까? 비결은 '엉덩이'다.

책은 엉덩이로 쓴다는 말이 있다. 어떻게든 글을 쓰기 위해 일정한 시간은 무조건 앉아 있는 것이다. 전업 작가들은 하루에 목표한 분량이 마무리되지 않으면 절대로 자리에서 일어서지 않기도 한다. 이처럼 집필을 한다는 것은 끈질김의 영역이다.

'오늘은 글이 잘 써지지 않아서 빨리 일어나는 게 낫겠다.'라고 생각한다면 아마도 매일 빨리 일어나게 될 것이다. 적어도 하루에 목표한 시간만큼은 어떻게든 앉아서 글을 써야 한다. 우리가 앞서 글쓰기 근육을 키운 이유도 이것과 연관되어 있다. 일단 쓰는 것이다. 잘 쓰고 못쓰고의 문제가 아니다. 일단 써야 한다.

책을 많이 출판했거나 자주 출판하는 작가들은 공통점이 있다. 매일 그리고 틈이 날 때마다 글을 쓴다는 점이다. 그들에게 매일 영감이 떠오르는 것이 아니다. 그들은 순간의 생각들을 계속 적어나간다. 그렇게 적어나간 글들은 다시 얽혀서 하나의 꼭지가 되고 이 꼭지들이 모여 책이 된다.

책상에 앉아 첫 문장을 쓰는 그 순간부터 멈추지 말고 계속 써 내려가야 한다. 다른 생각은 하지 말고 일단 써 내려가자. 당신이 알고 있는 전문 작가들의 초고도 이상한 부분 투성이다. 누군가 그랬다. 모든 초고는 쓰레기라고 말이다. 맞는 말이다. 그래서 처음부터 잘 쓰려고 할 필요가 없다는 것이다. 일단은 써야 한다.

작가들의 가장 큰 무기는 번뜩이는 영감도 아니고 일필휘지의 필력도 아닌 엉덩이다. 끈질기게 앉아 있어야 한다. 집필은 특별한 능력을 가진 작가의 영역이라고 여기지 말자. 단지 남들보다 끈질긴 엉덩이로 글을 썼다는 것을 기억하자.

2. 첫 문장이 제일 어렵다

　막상 앉아서 글을 쓰려고 하면 어떻게 시작해야 할지 막막한 경우가 있다. 하고 싶은 말은 있지만, 첫 문장에서 가로막히는 것이다. 어떻게 시작해야 자연스러울지, 흥미를 유발할지, 멋지게 보일지를 고민하기 때문이다. 당연한 고민이다. 더 좋은 글을 쓰고 싶고 더 좋은 책을 만들고 싶은 마음이니까 말이다.

　하지만 너무 어렵게 생각하면 그 첫 문장에서 하루의 시간을 다 보내버릴 수도 있다. 그러니 너무 어렵게 생각하지 말자. 의외로 첫 문장을 시작하는 방법은 어렵지 않다. 다음에 소개할 방법들은 첫 문장에서 자주 사용되는 방법들이다. 책을 많이 읽은 사람이라면 익숙한 문장구조일 것이다. 우리도 이런 방법을 사용하여 첫 문장을 구성해보자.

질문하기

　주제와 관련한 질문으로 시작한다. 사람은 질문을 받게 되면 무의식적으로 질문에 대한 답을 떠올리려 한다. 자연스럽게 몰입이 되는 것이다. 글의 초반은 무엇보다 독자를 끌어들이고 몰입을 시키는 게 중요하다. 질문을 통해 독자의 흥미를 유발하자.

당신은 월 스트리트에서 돈 버는 방법을 알고 싶지 않은가? 그 방법을 알고자 하는 사람은 이 세상에 수없이 많을 것이다.
  – 데일 카네기 '성공론'

상상력 유발하기

상상을 유발하는 방법도 질문하기와 유사한 방법이다. 독자들의 머릿속에 직접 장면을 떠올리도록 만들어 몰입을 유도하는 것이다.

당신이 심각한 심장병에 걸려 의사가 어려운 수술을 권한다고 가정해보자. 당신은 당연히 생존 가능성을 궁금해할 것이다.
  – 리처드 탈러, 캐스 선스타인 '넛지'

유명인의 말 / 명언을 인용하기

권위 있는 사람이나 유명인이 한 말을 이용해서 첫 문장을 시작해보자. 독자는 그들이 왜 그런 말을 했는지 궁금증을 가지게 된다. 명언도 마찬가지다.

유명 정치학자 벤저민 바버는 이렇게 말했습니다. "세상은 강자와 약자, 또는 승자와 패자로 구분되지 않는다. 다만 배우려는 자와 배우지 않으려는 자로 나뉠 뿐이다." 대체 '배우지 않으려는 자'는 어떻게 생기는 걸까요?

– 캐럴 드웩 '마인드셋'

시어도어 루스벨트는 대통령으로 재임 시, 자기 생각 중에 75%가 옳은 생각이라면 그것은 자신이 바라는 최고의 기대치라고 표현했다. 20세기의 가장 뛰어난 인물 중 한 사람이 이런 바람을 갖고 있었다면 당신과 나는 어떤가?

– 데일 카네기 '인간관계론'

상황을 설명하기

주제와 연관이 있는 일화나 사례를 소개하는 경우 많이 사용하는 방법이다. 칼럼이나 논문 등에서도 자연스럽게 첫 문장을 시작할 수 있다.

인류 역사를 살펴보면 어느 시대, 어느 국가를 막론하고 지배계급은 전체 국민의 1~2%에 불과했다. 오늘날도 마찬가지다.

– 이지성 '에이트'

프로젝트가 진행된 1년 5개월의 시간 동안 요즘 것들의 먹고 사니즘은 계속 이어졌다. 그리고 그 사이 '코로나19 팬데믹'이 일어났다.
– 이혜민 '요즘 것들의 사생활'

대화체 사용하기

대화체는 상황 속에 함께 있는 느낌을 준다. 상황 속 인물들의 감정도 잘 전달되므로 재미도 느낄 수 있다. 단, 너무 자주 혹은 길게 사용하면 오히려 집중력이 떨어질 수 있으니 적당한 선에서 사용하는 것을 추천한다.

"엄마, 나 1년만 돈 못 벌어도 내가 하고 싶은 거 해봐도 될까?"
그동안 해외에서 살아남기 위해 혼자 발버둥을 치며 고생한 아들이 가여웠는지 어머니는 서른 살 먹도록 모아둔 돈도 없이 부모님 집에 당분간 얹혀살겠다는 아들의 염치없는 부탁에 이렇게 말해주셨다.
"너 지금까지 충분히 잘해왔어. 조금 쉬어 가도 돼."
– 드로우 앤드류 '럭키 드로우'

이처럼 첫 문장을 열어주는 다양한 방법들이 있다. 당신의 주제와 어울리는 첫 문장은 무엇인가? 다양한 책을 읽어보며 그들이 첫 문장을 어떻게 시작하는지 유심히 살펴보자. 그리고 우리의 첫 문장도 거침없이 시작해보자.

3. 잘 읽히는 글이 좋은 글

결론부터 말하자면 잘 읽히는 글이 좋은 글이다. 아무리 좋은 정보와 지혜를 담은 책이라 할지라도 잘 읽히지 않는 책을 끝까지 읽는 것은 고통스럽다. 그런 책은 끝까지 읽어야 할 특별한 이유가 없다면 절대 읽지 않게 된다. 그러면 잘 읽히는 글은 어떻게 쓰면 될까?

"쉽고 짧게 쓰자."

이 두 가지가 전부다. 독자가 이해하기 쉬워야 하고 문장은 짧을수록 좋다. 사람들이 멋들어진 표현이나 단어들로 치장된 문장에 대해 좋은 반응을 보일 것이라 착각하지 말자. 당신도 그런 글을 읽다 보면 금세 지칠 것이다. 화려하고 온갖 미사여구를 다 가져다 쓰는 문장을 보면 난해하다. 하고 싶은 말이 무엇인지 잘 모르겠다. 문장의 핵심이 무엇인지 헷갈린다. 우리는 독자를 헷갈리게 하지 말자.

여기서 꼭 알아두어야 할 것은 읽기 쉬운 글이라고 해서 쓰는 것이 쉽지는 않다는 것이다. 읽기 쉬운 글이 오히려 더 쓰기 어려운 경우가 많다. 잘 읽히는 글을 쓰기 위해 조금 더 자세히 알아보자.

쉽게 쓰기

다시 말하지만 독자의 입장에서 쉽게 쓰여야 한다. 내가 쓰기 쉬운 글이 아니다. 독자의 입장에서 읽기 쉬운 글이어야 한다.

먼저 구체적으로 표현하자. 어정쩡하게 지칭하기보다 정확하게 표현하자. 그래야 직관적인 글이 된다. 예를 들어 '큰 차'보다는 '트럭'이라는 표현이 직관적이며 '여름 과일'보다는 '수박과 참외'라는 표현이 훨씬 직관적이다. 직관적인 표현은 독자를 고민하게 하지 않는다. 고민하지 않는 독자는 글을 막힘 없이 읽어 나갈 수 있다.

읽기 쉬운 글을 쓰기 위한 두 번째는 전문 용어나 어려운 단어를 사용하지 말라는 점이다. 책을 읽다가 이해하기 어려운 말이 나오면 그 뜻을 머릿속에서 상상하거나 따로 뜻을 찾아봐야 한다. 공부를 위해 전공 서적을 읽을 때 말고 이런 노력으로 책을 읽는 사람은 드물다. 어려운 단어도 마찬가지다. 우리나라의 말과 글은 참으로 우수하다. 더 쉬운 표현이나 단어를 얼마든지 찾을 수 있다. 독자를 고민하게 하지 말자.

우리는 독자를 배려해야 한다. 독자는 공부를 위해 책을 집어

들지 않는다. 물론 책을 통해 많은 것을 배울 수 있지만 독자가 우리 책을 읽는 목적은 공부가 아니라는 점을 잊지 말자.

독자가 공감을 얻고 감명을 받는 것은 글의 기교 때문이 아니다. 작가의 경험과 진정성에 감명을 느낀다. 독자에게 공감을 주고 감명을 주고 싶다면 독자를 고민하게 하지 말고 경험과 진정성을 명확하게 전달하자.

짧게 쓰기

짧게 쓰라는 말은 두 가지를 의미한다. 첫 번째로 문장의 길이 자체가 짧아야 한다. 한 문장의 길이가 너무 길면 독자가 한 번에 이해해야 할 글의 길이도 길어진다. 이 역시 독자의 독서를 방해하는 요소가 된다. 그래서 문장의 길이는 짧을수록 좋다. 문장을 짧게 쓰기 위해서는 한 문장에 한 가지 의견만 담으면 된다. 한 문장 안에서 모든 것을 설명하려고 하지 말자. 어차피 한 문장으로 모든 내용을 설명할 수 없다. 한 가지 생각만 담은 문장을 모아 문단을 만들어 설명하면 된다.

예를 들어 라면을 잘 끓이는 법을 설명한다고 가정하자.

물 550ml에 건더기 스프를 넣고 물을 끓인 후 분말 스프를 넣고 그리고 면을 넣은 후 4분간 더 끓입니다. 분말 스프는 식성에

따라 적당량 넣어주시고 김치, 파, 계란 등을 곁들여 드시면 더욱 맛이 좋습니다.

실제 ㅇㄸㄱ사의 ㅈ라면에 적혀있는 문구를 그대로 썼다. 이 글을 단순히 짧게만 잘라보겠다.

물 550ml에 건더기 스프를 넣고 끓입니다. 물이 끓으면 분말 스프와 면을 넣고 4분을 더 끓입니다. 분말 스프는 식성에 따라 적당량 조절합니다. 김치, 파, 계란을 곁들이면 더욱 맛이 좋습니다.

차이가 느껴지는가? 단순히 짧게만 잘랐다. 똑같은 내용이고 설명의 순서도 똑같다. 더 수정하고 싶은 글이지만 설명의 목적을 위해 다른 부분은 일부러 수정하지 않았다. 이처럼 문장의 길이만 짧아져도 훨씬 잘 읽히는 글이 된다. 그러니 한 문장 안에서 모든 것을 전달하려는 욕심을 버리자. 한 문장에는 한 가지만 전달하자. 이것만 지켜도 잘 읽히는 글이 된다.

짧게 쓰라는 말의 두 번째 의미는 불필요한 것을 줄이라는 말이다. 즉 간결해야 한다. 멋져 보이기 위한 표현이나 중복되는 의미다. 문장의 시작마다 반복되는 '그래서', '그런데', '하지만' 등

없어도 되는 모든 것을 찾아내자. 글을 쓰는 당시에는 느끼지 못하는 경우가 많다. 습관이기 때문이다. 말에도 습관이 있듯이 글에도 습관이 있다. 사람마다 습관이 다르므로 아래의 예시를 통해서 여러 요소를 한 번에 다뤄보겠다.

책을 쓴다는 것은 너무 멋진 일인 것 같다고 머릿속으로 생각한 기억이 난다. 책을 쓰면 자신의 이야기를 가지고 사람들에게 감동과 지혜를 나눠줄 수 있다니 생각만 해도 멋진 일이라고 느꼈던 순간의 기억이다. 그런데 최근에 다시 책을 쓰는 것에 대한 관심이 생겨 여기저기 알아보게 되었는데 우연히 책을 쓰는 방법에 대한 전자책을 알게 됐다. 그래서 이 전자책이 궁금해졌고 내용을 알고 싶어 먼저 문의를 했다.

즉흥으로 만든 글이다. 이 글을 간결하게 바꿔보자.

대학생 시절, 책을 쓰는 일은 멋진 일이라고 생각했다. 나의 이야기가 감동과 지혜를 줄 수 있다는 생각 때문이었다. 직장인이 된 요즘 다시 책 쓰기에 관심이 생겼다. 이번에는 진짜 책을 써보고 싶은 마음이 들었다. 그러다 우연히 책을 쓰는 방법에 대한 전자책을 알게 됐다. 이 전자책이 도움이 될 수 있을까? 궁금증을 해소하기 위해 문의를 했다.

불필요한 부분은 덜어내고 내용을 헤치지 않는 선에서 문장을 다듬었다. 이 단순한 차이가 독자에게는 크게 느껴진다.

책을 쓴다는 것은 너무 멋진 일인 것 같다고 머릿속으로 생각한 기억이 난다. 책을 쓰면 자신의 이야기를 가지고 사람들에게 감동과 지혜를 나눠줄 수 있다니 생각만 해도 멋진 일이라고 느꼈던 순간의 기억이다.

↓

대학생 시절, 책을 쓰는 일은 멋진 일이라고 생각했다. 나의 이야기가 감동과 지혜를 줄 수 있다는 생각 때문이었다.

과거에 쓴 글이 있다면(일기, SNS, 블로그 등) 꺼내서 읽어보자. 너무 길거나 필요 없는 부분이 얼마나 되는지 살펴보자. 이런 부분을 발견하는 것으로도 충분히 좋은 글쓰기 공부가 된다.

4. 양과 질을 모두 만족시키려면

　혹시 야구를 좋아하는가? 우리나라의 프로야구 리그(KBO)는 아시아에서 두 번째로 높은 수준의 리그다. 유명 선수들의 연봉은 수십억 원에 달한다. 세계에서 가장 높은 수준인 미국의 메이저 리그(MLB)에 선수들을 진출시키기도 한다. 그렇다면 아시아에서 가장 높은 수준의 야구 리그는 어디일까? 바로 일본 프로야구(NPB)다.

　우리나라와 일본 프로야구 리그의 수준 차이는 양에서부터 시작된다. 우리나라에 야구부가 있는 학교는 82개교다. 이에 반해 일본에 야구부가 있는 학교는 무려 4,000개교에 달한다. 어마어마한 차이다. 양의 차이는 프로 리그에 진출하는 선수들의 평균 실력 차이로 이어진다. 그러므로 미국 메이저 리그에 진출하는 선수들의 숫자도 일본이 압도적일 수밖에 없다.

　이처럼 양과 질은 서로 밀접한 관련이 있지만 두 가지 요소 중 우선이 되는 것은 양이다. 양이 풍부해야 그 속에서 다양한 요소들을 찾아낼 수 있고 질을 높일 수 있다. 양이 우선되지 않고는 질 좋은 글을 풍부하게 만들어낼 수 없다. 만약 처음부터 질 좋은 글을 쓰려고 생각한다면 한 줄의 글을 쓰는 것조차 버거울 것이다. 그러니 처음에는 양을 중점으로 글을 써나가야 한다.

양이 충족되었다면 이제 질에 신경을 쓸 차례다. 이미 앞서 얘기했지만 모든 초고는 쓰레기다. 쓰레기들을 잘 분류하고 다듬어서 예술 작품을 만들면 된다. 당신이 알고 있는 모든 작가도 이와 똑같은 과정을 거친다. 본인이 쓴 글을 보고 한심하게 여기기도 하고 흙 속의 진주를 찾은 듯 기뻐하기도 한다. 그렇게 다듬어진 초고는 수정에 수정을 거쳐 양과 질을 모두 충족하는 책이 된다.

이번 단락을 통해서 독자들에게 양과 질 모두 만족시킬 방법을 알아보자.

글감 찾기

책을 쓰기 위한 글감을 꾸준히 찾아내는 것이 중요하다. 작가의 경험은 물론이고 주변에서 일어나는 일들에 대한 생각도 모두 글감이 될 수 있다. 간혹 글감을 찾아내는 것을 너무 어려워하는 사람들이 있다. 너무 사소한 것 같아서 글감으로 어울리지 않는다고 생각한다. 이는 착각이다. 작가의 모든 경험은 독자에게는 새롭고 독창적인 이야기다. 독자는 책을 통해 타인의 삶을 바라보고 그 안에서 새로운 생각과 영감을 얻는다. 그러니 자신과 주변을 둘러보자. 글감은 생각보다 멀리 있지 않다.

   오늘 점심 메뉴는 무엇인가? 그 메뉴에 대한 특별한 기억이 있는가?
   오늘 입은 옷은 무엇인가? 그 옷을 구입한 날 어떤 일이 있었나?
   통화목록의 마지막 통화는 누구인가? 그는 나에게 어떤 사람인가?
   오늘 날씨는 어떤가? 이런 날에 어울리는 음악은 무엇인가?
   오늘 내 기분을 상하게 한 사람은 누구인가? 왜 기분이 상했는가?
   가장 눈에 띈 뉴스는 무엇인가? 뉴스를 보고 무슨 생각을 했는가?

   이 외에도 문득 떠오르는 말이나 이야기, 단어가 있다면 틈틈이 기록하자. 기록은 기억을 이긴다. 기록할수록 우리의 자산이 늘어난다고 여기자. 생각을 넓게 펼쳐보자. 지극히 개인적인 것이 가장 독창적이며 글감은 무궁무진하다.

사례 / 예시 찾기

   사례와 예시는 본문에서 독자의 이해를 돕고 글의 분량을 키워주는 고마운 존재다. 주제에 맞는 다양한 사례를 활용하면 간단한 주제라도 충분한 분량을 만들어낼 수 있다.

이 단락의 첫 부분에서 '야구'에 대한 이야기를 했다. 책 쓰기와 야구는 연관성도 없고 어울리지도 않는 주제다. 그러나 그 안에 있는 이야기들을 들여다보면 다양한 주제에서 활용할 수 있는 사례들을 발견할 수 있다.

사례와 예시를 찾는 방법은 단순하다. 많이 읽고, 많이 보는 것이다. 책 속에는 다양한 사례들이 즐비하다. 모든 문장과 문단이 사례가 될 수 있다. 비슷한 주제의 책에서 다른 작가들은 어떤 사례와 예시를 드는가? 그중 독창적이거나 기억에 남는 것들은 무엇인가? 그와 비슷한 유형의 사례나 예시를 알고 있는 것이 있는가?

작가들은 책 읽기를 멈추지 않는다. 특히 독서량이 많은 작가일수록 많은 책을 출판한다. 이는 늘 쉬지 않고 지식의 범위를 확장시킨다는 의미다. 그래서 늘 새로운 사고를 하고 다양한 사례나 예시를 제시할 수 있는 것이다. 재미나 여가만을 위한 독서는 책 쓰기에 도움이 되기 어렵다. 책을 잘 쓰기 위해선 목적을 가지고 폭넓은 독서를 해야 한다.

게다가 요즘은 누구나 스마트폰을 손에 들고 산다. 그래서 포털사이트, 유튜브, SNS 등을 통해 하루 내내 정보를 소비하고 있다. 우리는 이것을 조금 더 생산적으로 활용할 필요가 있다. 유튜브에도 교양이나 정보를 얻을 수 있는 수많은 채널이 있다. 힘들이지 않고도 심리, 역사, 과학, 시사, 스포츠, 예술 등 양질의 정보를 짧은 시간에 무료로 얻을 수 있다. 포털사이트도 마찬가지이며 SNS도 그렇다. 당신은 콘텐츠를 제공하는 플랫폼을 어떻게 이용하는가? 이용자에 따라 누군가에게는 이득이 되고 누군가에게는 시간을 버리는 수단이 될 수 있다.

책을 쓸 때는 수단과 방법을 가리지 말고 많은 정보를 접하자. 모든 정보가 쓸모 있지는 않을 것이다. 하지만 우리가 알고 있는 정보가 언제, 어느 문단에서 적절한 사례와 예시가 될지 아무도 모른다. 이 단락의 도입부처럼 야구 얘기를 글쓰기 설명할 때 하게 될 줄 내가 알았겠는가? 그러니 우리만의 이야기보따리를 잘 채워두자. 그래야 우리 책이 보다 다채롭고 무게 있는 글로 채워질 것이다.

글쓰기의 완성은 퇴고

국립국어원에서는 퇴고를 '글을 지을 때 여러 번 생각하여 고치고 다듬음. 또는 그런 일'이라고 말한다. 결국 글쓰기의 마지막 단계에서 퇴고를 거치는 것이다. 우리가 아는 모든 책은 퇴고를 거쳤다.

퇴고는 단순히 글을 못 써서 하는 것이 아니다. 더 좋은 글을 만들기 위해 하는 것이다. 독자들에게 더 잘 전달되기 위해, 더 풍부한 감성을 담기 위해, 틀린 부분을 고치기 위해, 분량을 조절하기 위해 퇴고를 한다. 때로는 초안을 완성한 시간보다 퇴고하는 시간이 더 오래 걸리는 경우도 있다. 그만큼 퇴고는 글과 책의 질을 결정하는 중요한 과정이다. 헤밍웨이의 대표 소설 중 하나인 '노인과 바다'도 200번이 넘는 퇴고를 거쳤다고 알려졌으며 우리나라의 대표적인 소설 토지의 박경리 작가는 "글의 완성도는 퇴고 횟수에 달렸다."라고 했다.

퇴고를 위해서는 먼저 한동안 초안을 멀리해야 한다. 자주 봐왔던 문장들이기 때문에 익숙함에 속아 수정해야 할 부분이 눈에 잘 띄지 않을 수 있다. 또 초안을 완성하는 동안 많은 에너지를 쏟았기 때문이기도 하다. 다시 에너지를 채우며 최대한 다른 생각이나 활동을 하자. 머릿속에서 초안을 완전히 잊자. 최소 일주일 이상 시간을 둘 것을 권장한다. 만약 시간적 여유가 있다면 한 달 정도 후에 초안을 읽어보자.

시간이 지난 후 초안을 다시 읽게 되면 당시에는 느끼지 못했던 새로운 문제들이 보일 것이다. 잘못된 표현이나 틀린 문법들도 눈에 띌 것이다. 처음 이 과정을 겪을 때는 신기함을 느끼기도 한다. '내가 글을 이렇게 썼다고?', '이게 무슨 말이야?'라는 생각이 들기 때문이다. 좋은 현상이다. 그만큼 예전에 비해 눈높이가 높아졌다는 뜻이니까.

퇴고할 때 좋은 또 다른 방법은 눈이 아닌 입으로 읽어보는 것이다. 눈으로 글을 읽을 때 사람들은 습관적으로 대충 훑어 읽는다. 빨리 읽어내려가려는 습관 때문이다. 하지만 입으로 소리 내어 읽기 위해서는 대충 훑어 내려갈 수가 없다. 그래서 입으로 소리를 내어 읽는 방법이 눈으로 읽는 방법보다 꼼꼼하게 글을 읽을 수 있다. 게다가 눈으로만 읽었을 때보다 직접 소리를 내며 읽었을 때 어색한 부분을 더 잘 느낄 수 있다. 입에서 소리를 내며 읽는 것은 말하는 것과 같다. 잘못된 문장은 말을 할 때 어색함이 느껴진다. 그래서 눈으로만 읽을 때보다 소리 내어 읽을 때 어색한 부분을 더 잘 파악할 수 있다. 다소 시간이 걸리더라도 입으로 소리 내어 읽어보자. 퇴고는 느긋한 마음을 가지고 끈기 있게 해야 한다.

퇴고할 때 좋은 세 번째 방법은 점검할 부분의 리스트를 만드는 것이다. 막연히 글을 읽다가 이상한 부분이 나오면 고치겠다는 생각은 위험하다. 언제 끝날지 알 수 없는 전쟁을 시작하는 것과 같다. 처음에는 단순한 맞춤법 위주로 시작하자. 다음은 문장 안에서 중복되는 말이 있는지, 제시한 사례는 사실이 맞는지, 문장의 순서는 논리적 흐름에 맞는지 등 퇴고를 할 때마다 목적을 가지고 해야 한다.

퇴고할 때 좋은 마지막 방법은 어느 정도 퇴고가 마무리되었다고 생각이 들 때 종이로 인쇄해서 읽는 것이다. 모니터 화면으로 글을 읽었을 때와 인쇄된 상태에서 글을 읽었을 때의 느낌은 다르다. 인쇄된 상태에서 다소 어울리지 않는 표현이 보일 수도 있다. 그러니 원고 파일을 인쇄소에 제본을 맡기자. 형식은 스프링 제본보다 책 제본을 추천한다. 집 근처에 인쇄소가 없다고 걱정할 필요는 없다. 인터넷을 열고 '제본'만 검색하면 된다.

퇴고는 빨리 끝내는 게 목적이 되어서는 안 된다. 초안을 완성하는 것과는 달리 퇴고는 책의 질과 직접 연관된다. 우리가 애써 완성한 인생 첫 책의 완성도가 퇴고에 달려있다. 그러니 조급함을 내려놓고 '도저히 못 하겠다.' 싶을 때까지 매달려보자. 글쓰기의 마지막은 퇴고다.

5. 프롤로그와 에필로그

다른 말로는 '들어가며, 마치며', '머리말, 맺음말' 등 다양하게 사용되는 요소다. 본문이 시작되기 전 책의 문을 열고 본문이 끝난 후 문을 닫는 역할을 한다. 책에 꼭 포함되어야 하는 요소는 아니지만 모두 알다시피 거의 모든 책에 담겨 있다.

특히 프롤로그는 책을 처음 집어 든 독자가 책을 구매할지 결정하는 데 영향을 주는 요소다. 마치 초대장과도 같다. 일반적으로 독자들은 책을 처음 접할 때 목차와 프롤로그를 읽어본다. 프롤로그를 통해 책의 첫인상을 가진다. 이 과정에서 매력을 느끼게 되면 본문에 관심을 가지거나 구매로 이어진다. 따라서 프롤로그를 이 책을 만드는 데 도움을 준 수많은 사람과 가족에게 감사 인사를 전하는 용도로 인지해서는 곤란하다. 프롤로그는 독자에 맞춰서 써야 한다. 독자에게 책을 친절하게 안내한다고 여기자.

프롤로그를 효과적으로 쓰기 위해서 다음에 소개할 내용을 꼭 고려하길 바란다.

관심 끌기

첫 문장을 통해 독자가 프롤로그에 관심을 갖게 하자. 흥미로운 사례나 예상외의 연구 결과, 유명한 문구나 어록들을 활용해도 좋다. 독자들이 프롤로그의 첫 문장을 읽고 그다음 문장, 또 그다음 문장을 읽고 싶게 만들자.

집필 의도

독자들에게 이 책을 왜 쓰게 됐는지, 이 책을 통해 어떤 메시지를 전하려 하는지 알리자. 글의 형식이나 분위기는 본문과 같은 톤을 유지하지 않아도 좋다. 딱딱한 분위기보다 친근한 느낌을 주는 것이 좋다. 작가의 경험을 소개하며 이 책을 집필하게 된 의도를 소개해보자.

작가 소개

작가를 소개하는 부분이 별도로 있지만 프롤로그에서 한 번 더 언급해주는 것이 좋다. 추천하는 방법은 집필 의도를 설명하며 자연스럽게 작가의 소개를 녹여내는 것이다. 작가의 경험이나 경력을 스토리텔링 방식으로 능청스럽게 소개하자. 작가에 대한 신뢰나 권위를 만들어 주면서도 친근함을 느끼게 할 수 있다.

책 소개하기

다른 책과 달리 이 책만이 가진 특징, 누가 읽어야 하는지, 책을 읽은 후 얻을 수 있는 것은 무엇인지 소개하자. 분량에 여유가 있다면 책의 큰 목차별로 어떤 내용을 다루는지 소개해도 좋다. 특히 누가 읽어야 하는지 소개할 때는 전 국민을 대상으로 하지 말고 '엄마가 처음인 당신'이나 '철부지의 마음으로 40대를 맞이하는 우리'와 같이 예상 독자가 공감을 할 만한 포인트를 유추하자. 이런 표현이 독자에게는 '나를 위한 책', '나에게 필요한 책'이라는 느낌을 줄 수 있다.

감사 인사

이 요소는 프롤로그에 포함하라는 의도로 설명하는 것이 아니다. 안 해도 좋다. 그러나 꼭 책을 통해 감사 인사를 전하고 싶다면 말릴 수는 없다. 단, 연예 대상에서 시청자들이 알지도 못하는 수십 명의 이름을 열거하는 모습을 떠올리게 하지 말자. 독자는 작가의 감사 인사를 읽기 위해 책을 집어 들지 않았다. 감사 인사를 전하고 싶다면 간략하고 깔끔하게 구성하자.

적정 분량

독자들은 너무 긴 프롤로그에는 거부반응을 보인다. 충분히 책에 관심이 생겼다면 빨리 본문을 읽고 싶기 때문이다. 독자의 거부반응을 일으키지 않는 프롤로그의 분량은 3~5페이지 정도다. 따라서 원고를 작성할 때 A4 기준 1.5페이지 안으로 작성하자.

작성 시기

프롤로그를 작성하는 시기는 두 가지로 나눌 수 있다. 책을 집필하기 전과 책을 집필한 후다. 책을 집필하기 전 프롤로그를 작성하게 되면 책의 기획 의도와 특징, 예상 독자들을 작성한 후 본격적인 집필을 시작하게 된다. 이 때문에 집필을 하면서 마음가짐을 달리하게 되고 책의 방향성을 더욱 확고하게 세워서 집필을 할 수 있다.

반면에 책의 집필을 끝낸 후 프롤로그를 작성하게 되면 책의 구성이나 집필을 하며 있었던 에피소드 등을 함께 소개할 수 있다. 게다가 집필을 하면서 계획대로 진행이 되지 않으면 프롤로그를 수정해야 하는데 프롤로그를 마지막에 작성하면 수정할 필요가 없다.

이런 이유로 집필을 끝낸 후 프롤로그를 작성하는 작가들의 수가 더 많다. 하지만 정답은 없다. 다양한 책의 프롤로그를 살펴보고 각자에게 맞는 작성 시기를 판단해보자.

에필로그

본문이 모두 끝난 후 작은 여운을 남기며 책을 마무리하는 부분이다. 에필로그에서는 책에서 하지 못한 이야기나 집필 과정 혹은 출판 과정에서 있었던 에피소드를 소개하기도 한다. 독자들에게 감사의 인사를 전하는 것도 좋고 다른 책을 출판할 예정이라면 그와 관련한 짧은 소개를 하기도 한다.

프롤로그보다 부담 없이 작성해도 좋다. 따라서 보다 진솔한 이야기나 책을 통해서 꼭 전하고픈 이야기가 있다면 아낌없이 적어보자.

다시 말하지만, 프롤로그와 에필로그는 필수적인 부분은 아니다. 단지 잘 작성되면 책의 완성도나 판매에 도움이 될 수 있는 부분일 뿐이다. 또한 본문의 내용을 벗어나 작가의 솔직한 이야기를 전하는 수단이기도 하다. 프롤로그와 에필로그에 너무 많은 에너지를 뺏길 필요는 없다. 그저 해야 할 말을 잘 전달하기 위해 노력하자.

6. 베끼지 말고 훔치자

경쟁 도서들을 분석하다 보면 책마다 내용을 풀어가는 방식이나 표현하는 방법, 구성 등 각각의 특징을 가지고 있을 것이다. 이 중 어떤 책은 당신의 마음을 사로잡는 것이 있을 테고 어떤 것은 도무지 눈에도 들어오지 않고 오히려 하찮게 느껴지는 책도 있을 것이다. 차이는 무엇일까? 구체적으로, 문학적인 식견으로 답변할 수는 없어도 차이를 느낄 수 있다면 그것으로 충분하다. 우리는 이런 책을 눈여겨보아야 한다.

우리는 앞에서 많은 책을 분석했고 이 과정을 통해 책을 보는 안목이 조금은 상승했을 것이다. 어떤 책이 더 좋은 책이며 어떤 책이 부족한 책인지 말이다. 이 단락의 제목과 지금까지 한 말을 통해서 눈치가 빠른 사람이라면 아마 다음의 내용을 눈치챘을지도 모른다. 바로 좋은 책을 훔쳐 오는 것이다.

당신은 책을 쓴 경험이 없다. 따라서 어떻게 써야 책이 될 수 있는지도 잘 모를 수밖에 없다. 이때 가장 좋은 방법은 우리가 벤치마킹할 수 있는 책을 선정하는 것이다. 좋은 구성과 전개, 표현, 분량 등 우리가 고민하는 수많은 것들의 답이 들어있는 책 말이다.

이 부분에서 분명히 해야 할 것이 있다. 책 쓰는 법을 알려 준다는 책에서 하는 말이 고작 다른 책을 베껴 쓰라는 것이냐는 생각이 든다면 잘 들어보라.

전업 작가들도 글쓰기보다 많이 하는 것이 독서다. 그들은 책을 읽으면서 주제를 떠올리고 자료를 수집하고 벤치마킹한다. 같은 주제를 가지고 여러 권의 책을 출판하는 작가들은 심지어 자신의 책을 벤치마킹하기도 한다.

다른 책을 벤치마킹한다는 것은 기본 중에서도 기본이다. 다른 책을 보면서 배우는 것이다. 단순히 베끼는 것이 아니다. 그들에게서 배울 것은 배우고 내가 부족했던 것은 채우는 것이다. 작가들이 매번 새로운 책을 쓸 때 글쓰기 코칭을 받거나 책 쓰기 강의를 들을 수는 없지 않은가? 이 단락을 통해서 다른 책을 벤치마킹할 수 있는 방법을 쉽게 소개하도록 하겠다.

모델이 될 책 고르기

우리가 분석한 책 중에서 벤치마킹이 가능한 책을 고르자. 여기서 '가능'이라는 표현을 쓴 이유는 사람마다 가진 특유의 감수성, 글쓰기 실력 등으로 인해 자신에게 맞는 책이 있고 그렇지 못한 책이 있기 때문이다.

먼저 책의 구성이 가장 마음에 드는 책을 고르는 것이 좋다. 책의 구성이 마음에 들거나 이해하기 쉽다는 것은 읽기 편하다는 것이다. 내가 편하게 느끼고 이해가 잘 된다면 그 구성에 따라 글을 풀어나갈 가능성이 크다.

파헤치기

조금 더 책을 깊이 있게 분석하자. 단순히 장,단점을 분석하는 것을 넘어 전개 방식과 글의 분량, 단락의 구분과 끝맺음, 목차 구성, 본문의 전개 방식, 이야기 소재 등 조립된 블록을 하나씩 분리하듯이 파헤쳐보자.

책을 파헤치다 보면 부족하다고 느껴지는 부분이나 더 보완이 필요하다고 느껴지는 부분이 있을 것이다. 이런 부분은 스스로 아이디어를 살려 보완하거나 다른 책의 장점을 가져와 채우면 된다.

샘플 만들기

목차, 본문 등 일부분을 발췌하여 나의 주제와 소재에 맞게 대입하며 새로 작성해본다. 이때 모델이 되는 책에서 파악한 틀을 잘 살려두는 것이 중요하다. 아무 생각 없이 작성하게 되면 내가 쓴 글 같지도 않고 모델이 되는 책의 틀도 없는 이상한 글이 만들어지는 경우가 있다. 이렇게 되면 벤치마킹은 아무런 의미가 없어지니 틀을 잘 살려두는 것을 잊지 말아야 한다.

셀프 분석하기

샘플을 만들었으면 스스로 다시 분석해보자. 구성은 어떤지, 분량과 진행 방법은 어떤지, 그리고 무엇보다 내가 하고자 하는 이야기가 잘 전달될 수 있는지를 살핀다.

사람들은 보통 자신이 작성한 글에 대해 관대한 편이다. 하지만 책을 쓰기 위해서는 이런 생각을 최대한 자제해야 한다. 글을 쓸 때는 거침없이 쓰되 퇴고나 검토를 할 때는 냉정해야 한다. 객관적으로 본인의 글이 잘 전달될 수 있는지, 이 방식으로 계속 책을 쓸 수 있는지 판단하자.

보완

모델이 되는 책에서 모든 요소를 다 차용하기는 어려울 것이다. 내가 벤치마킹하기에는 어려운 부분도 있을 것이고 또 어떤 부분은 마음에 들지 않을 수도 있다. 이런 부분들은 앞에서 말했듯이 우리가 보완해야 한다. 샘플을 작성하면서 이런 부분을 느꼈을 수 있고 처음부터 이런 부분을 배제하고 샘플을 만들었을 수도 있다. 중요한 것은 우리 책의 모델이 되는 책을 기반으로 우리가 할 수 있는 여력을 발휘하여 보다 더 나은 책이 되도록 하는 데 있다.

 벤치마킹은 실제로 작가들이 새로운 책을 쓰는 데에 많이 사용하는 방법이며 글쓰기 연습을 할 때도 활용되는 방법이다. 많은 책을 분석하고 실제로 적용해보는 과정을 통해서 책 쓰기에 필요한 요소들을 다양하게 실습할 수 있는 방법이므로 책 쓰기에 처음 도전하는 사람들에게 특히 유용한 방법이라고 할 수 있다.

 매일 한 시간씩 글쓰기 근육을 키우면서 우리가 벤치마킹할 책의 틀을 기반으로 우리의 이야기를 대입해보는 연습을 하자.

8장 정리

글쓰기에 대한 오해

- 글은 재능이 아니라 끈기로 쓴다.
- 영감이 떠올라야 쓰는 것이 아니다. 써야 떠오른다.
- 일단 써야 한다. 무조건 써라.

첫 문장이 제일 어렵다

- 어렵게 생각하면 끝이 없다.
- 독자와 대화를 한다고 생각하자.

잘 읽히는 글을 쓰는 법

- 독자가 한 번에 이해할 수 있게 써야 한다.
- 불필요한 말은 줄이고 문장을 짧게 구성하자.
- 독자는 전문가가 아니다.

양과 질을 만족시키려면

- 질보다 양이 먼저다.
- 양이 충분하면 질을 높일 수 있다.
- 끝없이 고쳐 쓰자. 고쳐쓰기가 글쓰기의 완성이다..

프롤로그와 에필로그

- 프롤로그로 독자를 사로잡자.
- 과하게 집착하지 말자.

베끼지 말고 훔치자

- 벤츠마킹할 수 있는 책을 설정하자.
- 좋은 점은 받아들이고 단점은 보완하자.

9장
투고하기

　퇴고를 마친 원고를 들여다보며 뿌듯함을 느꼈는가? 작가들은 초안을 완성했을 때와 퇴고를 마쳤을 때 가장 큰 성취감을 얻는다. 거기에 더해 드디어 이 힘든 과정이 끝난다는 해방감도 얻는다. 아마 첫 원고를 완성한 당신도 같은 감정을 느꼈을 것이다.

　그러나 우리는 성취감과 해방감을 위해 원고를 완성하지 않았다. 우리가 원고를 완성한 목적은 '출판'이다. 앞서 출판의 다양한 방법을 설명했다. 그리고 이 중 우리가 선택한 방법은 '기획출판'이다.

기획출판을 하려면 출판사를 섭외해야 한다. 작가들이 기본적으로 출판사를 섭외하는 방법은 '투고'다. 작가의 노력이 담긴 원고와 기획서를 가지고 출판사의 문을 두드리는 것이다. 과거에는 실제로 우편이나 방문 투고를 하기도 했다. 그러나 요즘은 모든 과정이 이메일을 통해 진행된다.

이번 장에서는 원고를 출판사에 투고하는 방법을 알아보고 효과적으로 출판사를 설득해 우리 원고가 책이 되는 과정을 알아보자.

1. 출판사를 알아보자

어느 출판사에 투고할 것인가

가장 먼저 우리가 투고할 출판사를 알아보자. 우리나라에는 수천 개의 크고 작은 출판사가 존재한다. 하지만 이 수천 개의 출판사를 모두 알아볼 필요는 없다. 각 출판사는 전문적으로 다루는 장르와 방향이 각기 다르기 때문이다. 따라서 우리 책과 어울리는 출판사를 먼저 알아봐야 한다.

예를 들어 지금껏 과학과 관련한 책을 출판해오던 출판사에 감성이 듬뿍 담긴 에세이를 투고한다면 출판 가능성이 있을까? 반대로 감성이 듬뿍 담긴 에세이를 출판해오던 출판사에 과학과 우주에 관한 책을 투고한다면 어떨까? 아마도 영원히 답장을 받지 못하거나 출판사의 방향과 맞지 않다는 거절 메일을 받게 될 것이다. 따라서 우리의 책과 어울리는 출판사를 먼저 파악해야 한다. 이를 모르는 초보 작가들은 누군가 포털사이트에 기재해 둔 출판사 투고 메일 리스트를 보고 무작정 투고 메일을 보내기도 한다. 당연히 성공할 가능성은 낮을 수밖에 없다.

가장 먼저 책의 기획 단계에서 작성한 경쟁 도서 리스트를 확인하자. 경쟁 도서는 우리 책과 비슷한 주제나 장르의 책이다. 경쟁 도서의 출판사는 그만큼 우리 책과 비슷한 장르, 콘셉트의 책이 출판될 가능성이 높은 출판사라고 볼 수 있다. 경쟁 도서가 출판된 출판사를 확인하고 책의 판권지(책의 앞 또는 뒤편에 판/쇄 정보, 작가/출판사 정보가 기재된 페이지)와 홈페이지를 통해 투고 메일을 확인하자.

다음은 온라인 서점의 홈페이지를 활용하자. 우리가 진입하고자 하는 장르의 판매 순위를 확인하면 경쟁 도서 리스트보다 많은 책과 출판사를 확인할 수 있다. 판매 순위가 높은 책의 출판사라고 해서 무조건 좋은 출판사는 아니니 마음속에 출판사의 순위는 정하지 말고 차분히 출판사의 이름을 정리해두자.

생각보다 시간과 노력이 필요한 작업이다. 그러나 이 과정 없이 무작정 투고 메일을 발송하는 것은 오히려 더 많은 시간과 노력을 낭비하는 행동이다. 그러니 우리의 원고가 높은 관심을 얻을 수 있는 출판사를 찾자.

투고 양식 확인하기

요즘은 출판사에 따라 자신들이 원하는 투고 양식을 제시하는 경우가 많아지고 있다. 출판사의 성격에 따라 미리 확인하고 싶은 부분과 불필요한 부분이 있기 때문이다. 따라서 각 출판사에서 원하는 투고 양식을 미리 확인해야 한다. 그렇지 않으면 출판사 입장에서는 투고자가 기본적인 예의도 갖추지 않았다는 인상을 받게 된다. 물론 출판사도 작가들이 다양한 출판사에 투고 메일을 발송하는 것을 안다. 하지만 출판사가 원하는 양식에 맞춰서 투고하는 사람과 그렇지 않은 사람에 대한 인식이 같을 수는 없다.

또 일부 출판사는 이메일 투고방식이 아닌 출판사 홈페이지 내에서 투고할 수 있는 페이지를 만들어 두기도 한다. 이런 출판사는 투고 메일 자체를 열람하지 않기도 한다. 그러니 투고 메일을 작성하기 전 출판사의 홈페이지를 확인할 필요가 있다.

먼저, 앞에서 조사한 출판사 리스트를 확인하고 홈페이지를 방문하자. 홈페이지에서 투고 메일을 한 번 더 확인한다. 드문 경우지만 오래된 책의 경우 출판사의 정보나 메일 주소가 변경되기도 한다. 이후 출판사에서 원하는 출간기획서 양식이 있는지 확인하자. 양식에 대한 별다른 언급이 없다면 자유롭게 투고해도 되지만 출판사에서 강조하는 부분이 있다면 꼭 따로 기록해두자. 출판사에서 느끼는 내 첫인상을 결정지을 수 있는 내용이다.

만약 투고 메일이 아니라 홈페이지 내에서 투고하는 방식의 출판사라면 어떤 내용을 작성해야 하는지 꼼꼼히 기록해두자. 준비 없이 바로 작성하기보다 필요한 내용을 꼼꼼하게 따로 작성해서 투고하는 것이 좋다.

출판사에 따라 필요한 투고 양식을 확인했다면 이제 본격적으로 투고를 준비하자. 원고는 완성되었으니 우리에게 필요한 것은 출간기획서다. 다음 단락을 통해 출간기획서를 만들어보자.

2. 투고 성공의 필수-출간기획서 만들기

　출판사에 많게는 하루 수십 개의 투고 메일이 들어온다. 따라서 모든 투고 메일의 원고를 다 훑어보기란 사실상 불가능에 가깝다. 실제로 출판사의 투고 메일 담당자들은 원고를 바로 열어보지 않고 출간기획서를 먼저 읽어본다. 이때 출간기획서에서 매력을 느끼지 못한 투고 메일의 원고는 읽히지도 않고 조용히 휴지통으로 사라진다. 그만큼 출간기획서는 우리가 애써 만든 원고가 빛을 볼 수 있게 하는 존재다.

　아래에서 다룰 출간기획서는 보편적으로 대부분의 출판사와 작가들이 사용하는 항목들이다. 일부 출판사에서는 자신들이 직접 제시하는 출간기획서를 요구하는 경우가 있으니 평소에 관심이 있었거나 꼭 출판 계약을 하고 싶은 출판사가 있다면 출판사 홈페이지를 통해 별도의 출간기획서 양식이 존재하는지를 꼭 확인하기를 바란다.

제목(가제)

　원고를 쓰면서 사용한 제목을 작성한다. 제목은 책의 성격이나 주제를 잘 표현하면서 흥미를 느끼도록 하는 것이 좋다. 하지만 실제 출판 단계에서 출판사의 판단에 따라 변경되는 경우가 많다.

부제

제목을 뒷받침해 주는 역할이다. 제목에서 한 번에 표현하지 못했거나 강조하고 싶은 메시지를 보강한다. 특히 책의 부제에서는 책을 읽은 후 얻을 수 있는 것을 강조하는 것이 좋다.

> **예**
> 영화 : 범죄와의 전쟁(부제 - 나쁜 놈들 전성시대)
> 책 :   크러싱 잇(부제 - SNS로 부자가 된 사람들)
> 책 :   신경끄기의 기술(부제 - 인생에서 가장 중요한 것만 남기는 힘)

저자소개

말 그대로 이 원고를 쓴 저자에 대한 소개다. 어떤 일을 하는 누구인지를 알린다. 이때 전문성이나 개성을 드러낼 수 있는 경력 혹은 직책을 자연스럽게 어필하는 것이 좋다. 거기에 더해서 책의 주제와 연관성이 있는 자신만의 스토리를 함께 녹여내면 자연스러운 스토리텔링 효과로 조금 더 눈길을 끌 수 있다. 책의 날개 부분에 있는 저자소개와는 별도로 생각하면 된다.

이 책을 쓴 이유(기획 의도)

이 책을 쓰기로 한 계기는 무엇이었는지, 동기부여가 된 것은 무엇인지, 이 책을 통해서 어떤 것을 전달하고 싶었는지를 작성한다. 이 항목 역시 스토리텔링을 이용하는 방법을 추천한다. 다만, 이 책을 집필한 이유가 저자 개인의 자아실현이나 꿈을 이루기 위한 것으로 표현하지 말자. 이 책이 지금 시대에 필요한 이유나 배경을 더 강조해서 시장성이 있는 책이라는 것을 어필하는 것이 좋다.

연락처 / 이메일 주소

개인 연락처와 투고에 대한 회신 메일을 받을 주소를 입력한다. 이때 사용할 메일 주소는 출판사에서 보내오는 회신 메일에 대한 확인이 빨라야 한다. 가급적 광고, 혹은 커뮤니티 등에서 보내오는 메일과 뒤섞이지 않을 주소를 사용하자.

출간 형태

종이책 혹은 종이책 / Ebook을 모두 출판할지 작성한다. 거기에 더해 책의 크기와 페이지 수를 함께 작성한다. 이 부분은 출판이 진행되면서 출판사와 여러 차례 협의를 거치게 되므로 현재 저자가 희망하는 형태와 페이지를 작성하자.

출간 희망 시기

이 책이 정식으로 출판되기 희망하는 시기를 구체적으로 작성한다. 예를 들어 책의 분위기와 어울리는 특정 계절이 있을 수 있고 책의 내용과 관련 있는 주기적인 행사 혹은 시기에 맞출 수도 있다. 출판사의 일정이나 원고 수정 등 여러 가지 요소가 출판 시기에 영향을 미칠 수 있지만, 자신이 생각하는 가장 적절한 시기를 판단해 작성하자.

목차

자세한 목차를 출간기획서에 모두 작성할 수는 없다. 출간기획서의 분량이 매우 커지기 때문이다. 세부적인 목차는 별도의 파일로 만들어 첨부하자. 출간기획서에는 책의 흐름을 이해할 수 있도록 큰 목차들을 나열한 후 세부 목차는 별도의 첨부파일로 작성했다고 언급하면 된다.

예상 독자

기획 단계에서 설정한 예상 독자를 떠올려보자. 그들의 연령대, 관심사 등 우리 책에 반응할 핵심 독자들의 특징을 표현하면 된다. 이때 핵심 독자와 확장 독자를 구분해서 작성하는 것이 좋다. 핵심 독자는 이 책의 기획 단계에서 설정한 독자를 말하며 확장 독자는 핵심 독자들로 인해 책을 읽을 가능성이 있는 독자를 말한다. 예를 들어 핵심 독자가 학생이라면 확장 독자는 학부모와 선생님이 될 수 있다. 확장 독자까지 작성해주면 출판사 입장에서는 기획 회의나 마케팅 회의에서 조금 더 편안하게 출판에 대한 계획을 세울 수 있다.

경쟁 도서 / 유사도서 목록

출판사의 입장에서 함께 비교할 수 있는 책을 언급한다. 너무 유명한 베스트셀러를 언급하게 되면 내 원고에 대한 기대치가 올라갈 수 있으므로 신중히 선택하자. 적당히 알려진 책을 찾는 것도 쉬운 일은 아니다. 대표적인 경쟁 도서 3권 정도를 작성하자.

경쟁 도서들과의 차별점

시장조사를 통해 우리가 둘러보았던 경쟁 도서들과의 차이점을 강조한다. 경쟁 도서들에서 발견한 틈새와 내 책의 경쟁력, 어떤 부분을 보완했는지, 왜 더 매력적인 책인지 강조하자.

마케팅 방향

작가 본인이 이 책의 마케팅을 어떻게 할 수 있는지 작성한다. 작가가 할 수 있는 마케팅은 보통 지인 홍보, 모교 홍보, SNS를 통한 노출과 광고 집행, 서평 이벤트 등이 있다. 본인의 마케팅 계획을 작성한 후 운영 중인 SNS, 블로그 등의 주소를 함께 작성하자. 만약 당신의 SNS나 블로그가 팔로워, 이웃이 많은 계정이라면 이 수치를 캡처하여 첨부해도 좋다. 관심이 있는 출판사라면 당신의 SNS와 블로그를 둘러보면서 마케팅이 잘 이뤄질 수 있는지 직접 확인하기도 한다. 만약 사회적인 영향력이 있는 사람이나 유명인을 통해 책의 추천사를 받을 수 있는 상황이라면 이 부분도 함께 기재하자.

출판사에 전하고 싶은 말

　마지막으로 작가 본인과 책에 대해 하고 싶은 말을 작성하자. 이 책으로 사람들에게 어떤 영향을 줄 것인지, 출판사와의 업무에 어떻게 임할 것인지, 책의 홍보와 관련해 어떤 활동을 할 수 있는지 등 이 책이 출판될 수 있도록 적극적으로 어필을 하자.

　이렇게 출간기획서에 대해 알아보았다. 물론 작가나 출판사마다 항목이 다를 수 있다. 일부 출간기획서들은 항목이 더욱 간소화된 경우도 있다. 그러나 위에 열거한 항목들은 작가와 원고를 설명할 때 꼭 필요한 내용이다. 각 항목에 대한 설명을 깊이 있게 고민하고 출간기획서를 작성해보자. 출판사의 관심을 이끌어 우리 책의 출판을 앞당길 수 있을 것이다.

3. 투고 메일 보내기

앞서 말했다시피 출판사에 많게는 하루에 수십 개의 투고 메일이 들어온다. 게다가 출판사의 편집자들도 다른 직장인들처럼 크고 작은 업무가 상당히 많다. 따라서 모든 투고 메일을 매일 꼼꼼하게 읽어본다는 것은 현실성이 떨어지는 이야기다. 우리는 더욱 꼼꼼하게 준비해야 한다. 소중한 원고가 빛을 볼 수 있게 말이다.

의외로 투고 메일에서 실수를 범하는 사람들이 많다. 잘 만드는 게 중요하지만, 실수를 줄이는 것 또한 중요하다. 이번 단락에서는 투고 메일을 보낼 때 한 번 더 확인이 필요한 요소들에 대해 알아보자. 다른 초보 작가들의 투고 메일 속에서 우리의 투고 메일이 더욱 빛을 발하게 될 것이다.

제목을 매력적으로 만들자

너무나 당연한 이야기다. 하지만 당연한 이야기를 또 할 정도로 너무 중요한 요소다. 틀에 박히거나, 유행이 지났거나, 결말이 뻔히 보이는 제목은 아닌지 다시 판단해보자. 우리는 원고의 제목에서부터 편집자를 홀려야 한다. 산더미처럼 쌓인 투고 메일 속에서 편집자의 눈을 멈추게 해야 한다. 이 전자책의 Part 1. 제목 만들기 부분을 꼭 참고하자.

원고 전체+@

간혹 원고 전체를 보내지 않고 원고의 일부만으로 투고하는 사람들이 있다. 이유는 두 가지다. 원고 전체를 작성한 후 투고를 하면 시간과 노력이 많이 소모되기 때문에, 그리고 원고 전체를 보냈을 때 '원고가 다른 곳으로 유출되거나 도용되는 것을 방지하고 싶어서'다. (출판업계는 누구보다 저작권에 예민한 사람들이니 이런 걱정은 안 해도 좋다.)

실제로 '좋은 원고'의 경우에는 일부만 보더라도 출판 계약을 제안하는 출판사들이 있다. 다시 말하지만, '좋은 원고'의 경우다. 게다가 출판사와 원고의 방향을 서로 상의하며 진행하기 때문에 원고 완성 후 수정에 대한 부담이 상대적으로 적을 수 있다.

그러나 원고의 일부만으로 출판을 결정하기에는 출판사 입장에서 부담이 있는 것이 사실이다. 특히 초보 작가의 경우에는 더더욱 그렇다. 초보 작가의 원고 일부만을 보고 전체 완성도를 예상하는 것은 위험부담이 크다. 따라서 투고를 할 때 원고 전체를 요구하는 출판사가 더 많다.

　초보 작가의 경우 원고 전체를 보내주는 것이 출판을 결정할 때 훨씬 유리하다. 물론 편집자가 원고 전체를 다 읽기에 시간이 부족할 수 있다. 그래서 원고 전체와 가장 잘 작성한 꼭지들을 별도의 파일로 만들어 첨부하면 좋다. 편집자가 원고의 일부를 읽은 후 괜찮다고 판단이 되면 바로 원고 전체를 읽어볼 수 있기 때문이다. 게다가 출판사의 입장에서는 다른 투고 메일에 비해 잘 준비한 사람이라는 느낌을 준다. 출판사와 출판 계약을 맺는 것은 출판사와 함께 일하는 것을 의미한다. 출판사는 적극적이며 함께 일하기 좋은 사람과 계약하길 원한다.
　적극적인 모습을 보이자. 원고 전체를 보내는 것을 두려워하지 말자. 그리고 잘 작성한 꼭지를 정리해 별도의 파일을 만들자.

투고 메일의 본문

　투고 메일도 '메일'이다. 첨부파일만 달랑 전송하기 위한 메신저가 아니다. 적어도 메일을 작성할 때는 투고하는 사람이 누구인지, 어떤 내용의 원고인지는 알려줘야 하지 않을까? 가장 먼저 투고하는 사람이 누구인지를 알려주자. 만약 SNS나 블로그에서 활동하는 닉네임으로 책을 내고 싶더라도 투고하는 출판사에는 이름을 알려줘야 한다.

　이어서 간략히 책의 내용과 기획 의도를 설명하고 경쟁 도서에 비해서 나은 점과 이 원고를 꼭 검토해야 하는 이유를 작성하자. 책의 목차는 부와 장 위주로 작성하고 세부적인 목차 구성은 별도로 첨부했음을 알린다. 마지막으로 첨부파일에 어떤 내용이 있는지 설명하고 간단한 인사를 한 후 마무리하자.

전송 버튼을 누르기 전 꼭 확인할 것

　작성한 글을 꼭 처음부터 천천히 다시 읽어보자. 오탈자는 없는지, 틀린 말은 없는지 다시 확인하자. 출판업계에는 글에 예민한 사람들이 많다. 게다가 책의 원고를 투고하는 사람이 오탈자를 그대로 방치하는 것은 신뢰감을 떨어뜨리는 일이 될 수 있다. 급하게 버튼을 누르려 하지 말고 끝까지 확인하자.

　투고 메일을 전송했다면 이제 다시 한번 머릿속을 비우고 기다림의 시간을 갖자. 계약 의사가 없는 출판사는 답장하지 않거나 '보내주신 소중한 원고를 검토하였으나 저희 출판사의 방향과 맞지 않아서~'로 시작되는 답장을 보내온다. 만약 계약 의사가 있는 출판사가 한 곳도 없다면? 뭐 어떤가? 아직 내 원고가 책이 될 수준이 아니라는 뜻이니 겸허히 받아들이고 더 노력하면 된다.

기다림의 시간은 딱 한 달까지다. 보통 1주에서 2주 안에 연락이 오지만 간혹 뒤늦게 메일을 확인하는 출판사도 있다. 출판사에서 연락이 없다면 자비출판으로 눈 돌리려 하지 말고 기획 단계부터 원고까지 다시 천천히 뜯어보자. 객관적으로 판단하지 못한 부분, 부족하지만 애써 모른 체한 것까지 모두 뜯어고치고 우리 실력을 키우면 된다.

9장 정리

출판사를 알아보자
- 내 책의 방향과 맞는 출판사를 찾자.
- 대형 출판사가 좋은 출판사는 아니다.
- 출판사에 따른 투고 양식이 있는지 꼭 확인하자.

투고 성공의 기준. 출간기획서 만들기
- 출간기획서는 곧 투자제안서다.
- 개조식으로 작성하기보다 스토리텔링을 가미한 글을 쓰자.
- 출판사에 따른 투고방식을 꼭 확인하자.

투고 메일 보내기
- 매력적인 제목을 만들자.
- 원고 전체와는 별도로 좋은 꼭지들을 모아 첨부하자.
- 본문을 성의 있게 작성하자.

실습 6 출간기획서 만들기

구 분	이 유
제목	
부제	
저자소개	
기획 의도	
연락처	
이메일	
출간 형태	

구 분	내 용
목차	
예상 독자	
경쟁 도서	
경쟁 도서와의 차별점	
마케팅 방향	
전하고 싶은 말	

출판 계약

노력의 결실을 맺을 시간이다. 글쓰기 근육을 키우고, 매일 집필에 몰입하고, 끝없이 고쳐 쓰며 여기까지 왔다. 이제 출판 계약만이 남았다.

출판 계약을 제의하는 출판사가 있다면 바로 수락하겠다는 답장을 보내지 말고 다시 한번 그 출판사에 대해 살펴보자. 내가 원하는 방향의 책을 만들 수 있을지 충분히 고려한 후 답장을 보내야 한다. 무조건 큰 규모의 출판사를 만날 필요는 없다. 너무 큰 출판사라면 오히려 초보 작가들이 출판사에 끌려다닐 가능성도 있다. 우리가 주의를 기울일 것은 내가 원하는 방향으로 책을 만들 수 있을지를 판단하는 것이다.

빠르게 확신이 서지 않아도 괜찮다. 단지 메일 한 통으로 출판 계약을 하지는 않기 때문이다. 먼저 출판사의 편집자와 책의 편집 방향에 대해 논의한다. 이후 출판사에서 요구한 원고 수정을 거쳐 작가와 출판사의 의견이 잘 맞춰지면 본격적으로 계약을 진행한다. 내가 수용할 수 있는 범위의 제안이라면 폭넓게 수용하되 너무 출판사의 의견에 휘둘리지 말자. 자칫 처음에 계획했던 책과 다른 방향으로 진행될 수도 있다.

그렇다면 출판 계약을 할 때 알아야 할 것은 무엇일까? 이번 단락에서는 출판 계약과 관련한 내용을 알아보자.

주요 항목 알아두기

문화 체육 관광부 홈페이지에 방문하면 출판 분야 표준 계약서를 확인할 수 있다. 총 10개의 계약서를 확인할 수 있는데 이 중 우리가 확인해야 할 계약서는 '출판권 설정 계약서'다. 대부분의 내용은 쉽게 이해가 가는 내용이지만 꼭 확인해야 할 항목들에 대해 알아보자.

각 항에서 지칭하는 저작권자는 작가를 뜻하며 출판권자는 출판사를 뜻한다. 다음 페이지부터 실제 최신 출판권 설정계약서를 함께 알아보자.

출판권 설정계약서[1]

저작자의 표시	성명 : _____	이명(필명) : _____
저작재산권자의 표시	성명 : _____	생년월일 : _____
저작물의 표시	제호(가제) : _____
저작물의 내용 개요 :

위에 표시된 저작물(이하 '위 저작물'이라고 함)의 저작재산권자(이하 '저작권자'라고 함) _____ 과(와) 이를 문서 또는 도화로 발행하고자 하는 이용자(이하 '출판사'라고 함) _____ 는(은) 다음과 같이 출판권설정계약을 체결한다.

제1조 (목적) 이 계약은 위 저작물에 대한 출판권 설정계약의 내용에 따른 저작권자 및 출판사의 권리와 의무를 정하는 데 그 목적을 둔다.

제2조 (정의) 이 계약에서 사용하는 용어의 뜻은 다음과 같다.

1. 복제 : 인쇄 사진촬영 복사 녹음 녹화 그 밖의 방법으로 일

---

[1] 저작재산권자가 출판권을 얻고자 하는 이용자(출판사)에 대하여 인쇄 등의 방법으로 서적을 발행할 권리를 설정하고, 출판사는 그 저작물을 종이책의 형태로 만들어 판매의 방법으로 복제·배포할 수 있는 계약으로서 준물권적(독점적·배타적) 성격의 출판권이 발생하는 효력을 갖는다. 제3자에게 대항할 수 있는 권리까지 획득하고자 하는 경우 한국저작권위원회에 출판권을 등록해야 한다. 출판사가 어문저작물 1차 저작자뿐만 아니라 번역가, 삽화가, 사진작가 등과 체결할 수 있는 계약 유형이다.

시적 또는 영구적으로 유형물에 고정하거나 다시 제작하는 것을 말한다.

2. 배포 : 저작물의 원본 또는 그 복제물을 공중에게 대가를 받거나 받지 아니하고 양도 또는 대여하는 것을 말한다.

3. 발행 : 저작물 또는 음반을 공중의 수요를 충족시키기 위하여 복제 배포하는 것을 말한다.

4. 출판권 : 출판사가 저작권자와의 출판권설정계약에 따라 인쇄 등의 방법으로 문서 또는 도화로 발행할 수 있는 권리를 말한다. 출판권자는 설정행위에서 정하는 바에 따라 저작물을 원작 그대로 출판할 권리를 가진다.

5. 등록 : 저작자의 성명, 저작물의 제호와 종류, 창작연월일 등 일정한 사항을 저작권등록부에 기재하는 것을 말한다. 저작권 발생과는 관계가 없으며 공중에게 공개 열람하도록 하는 공시적 효과, 분쟁 발생 시 입증의 편의를 위한 추정력, 거래의 안전을 위한 제3자에 대한 대항력이 발생한다.

6. 저작인격권 : 저작물에 대한 저작자의 인격적·정신적 이익을 보호하는 권리로서 다른 사람에게 양도나 상속을 할 수 없다. 공표권, 성명표시권, 동일성유지권 등 3가지 권리로 구성된다.

7. 부차권(부차적 이용허락) : 법적 권리는 아니지만 현장에서 원저작물의 부가적 이용을 허락하는 권리로 통용된다. 이미 공표된 저작물에 대한 재이용 및 축약본이나 요약본을 만들거

나 라디오에서 저작물을 읽을 권리, 저작물에 기반한 상품을 만들 권리 등에 대한 것으로서 2차적저작물에 해당하지 않는 것을 말한다.

8. 계약의 해지와 해제 : 해지(解止)는 계속적으로 효과가 이어지는 계약관계에서 일방적인 의사표시로 향후 계약관계가 종료되는 것을 말한다. 이에 반해 해제(解除)는 일방적인 의사표시로 이미 성립된 계약을 소멸시켜 애초에 그런 계약이 없었던 것과 같이 만드는 효과를 말한다.

9. 분쟁 조정 : 저작권에 관한 분쟁이 생겼을 때 한국저작권위원회의 조정을 통해 분쟁을 해결하는 절차이다. 신청 취지와 원인을 기재한 조정신청서를 제출하면 조정이 개시되며 조정부가 당사자 사이의 의견교환을 통해 합의를 유도한다. 조정절차는 비공개를 원칙으로 한다.

제3조 (출판권의 설정)

① 저작권자는 출판사에게 위 저작물에 대한 출판권을 설정한다.

② 제1항의 규정에 따라 출판사는 위 저작물을 원작 그대로 출판할 수 있는 독점적이고도 배타적인 권리를 가진다.

제4조 (출판권 설정의 등록) 출판사는 위 저작물에 대한 출판권 설정 사실을 한국저작권위원회에 등록할 수 있으며, 이 경우 저작권자는 등록에 필요한 서류를 출판사에게 제공하는 등 이에 적극 협력하여야 한다.

제5조 (배타적 이용)

① 저작권자는 이 계약기간 중 위 저작물의 제호 및 내용의 전부와 동일 또는 유사한 저작물을 별도로 출판하거나 제3자로 하여금 출판하게 하여서는 아니 된다.

② 저작권자는 이 계약기간 중 출판사의 사전 동의 없이 위 저작물의 개정판 또는 증보판을 직접 발행하거나 제3자로 하여금 발행하도록 하여서는 아니 된다.

제6조 (출판권의 존속기간 등)

① 출판사가 보유하는 위 저작물의 출판권은 계약일로부터 초판 1쇄 발행일까지, 그리고 초판 1쇄 발행일로부터 _____년까지 효력을 가진다.

② 저작권자 또는 출판사는 계약기간 만료일 _____개월 전까지 문서로써 상대방에게 계약의 종료를 통보할 수 있으며, 이러한 종료 통보에 따라 계약기간 만료일에 이 계약은 종료된다.

③ 제2항에 따른 종료 통보가 없는 경우에 이 계약은 동일한

조건으로 _____년까지 자동 연장되며, 이 경우 출판사는 자동 연장 이전까지의 저작권사용료를 정산하여야 한다.

　④ 출판사는 제2항의 계약종료 통보 기한 이전에 저작권자에게 제2항 및 제3항의 내용을 통지하여야 한다.

> 최초 계약 시 존속기간의 설정은 통상 3년~5년이다. 이 기간은 출판사와 상호 협의해서 진행하는데 계약기간 만료일까지 양쪽 모두 계약해지 통보가 없다면 같은 조건으로 계약기간이 자동 연장된다. 출판계약을 할 때 자동으로 연장되는 기간도 설정할 수 있다.
> 연장 기간은 가능한 한 짧게 설정하는 것을 추천한다. 원고를 더 다듬어서 다른 출판사와 새로운 출판 계약을 하는 것이 작가에게 더 유리하기 때문이다. 출간 5년 된 구간보다 새로 출간된 신간이 판매에는 더 유리하다.

제7조 (완전원고의 인도와 출판 시기 및 반환)

　① 저작권자는 _____년 _____월 _____일까지 위 저작물의 출판을 위한 완전한 원고 또는 이에 상당한 자료(이하 '완전원고'라 줄임)를 출판사에게 인도하여야 한다. 다만, 부득이한 사정이 있을 때에는 출판사와 협의하여 그 기일을 변경할 수 있다.

　② 출판사는 저작권자로부터 완전원고를 인도받은 날로부터 _____개월 이내에 위 저작물을 원래 목적대로 출판하여야 한다(특약이 없는 경우 9월 이내 출판함). 다만, 부득이한 사정이

있을 때에는 저작권자와 협의하여 그 기일을 변경할 수 있다.

③ 위 저작물의 출판 후 출판사는 저작권자에게 원고(원화 포함) 등 인도받은 자료 일체를 즉시 반환하여야 한다. 다만, 저작권자와 출판사가 협의하여 반환하지 아니할 수도 있다.

④ 제1항에 따른 완전원고에 대한 판단은 저작권자와 출판사의 합의에 따라야 하며, 합의가 이루어지지 않은 경우에 이 계약은 해제된 것으로 본다.

제8조 (저작물의 내용에 따른 책임 및 계약 내용의 고지 의무)
① 위 저작물의 내용이 제3자의 저작권 등 법적 권리를 침해하여 출판사 또는 제3자에게 손해를 끼칠 경우에는 저작권자가 그에 관한 모든 책임을 진다.

② 이 계약이 완전한 효력을 갖기 위하여 날인 또는 서명 이전에 출판사는 저작권자에게 계약 내용을 설명하여야 한다.

> 저작자(작가)의 저작물이 다른 저작물을 표절하거나 무단 도용해서는 안 된다는 항목이다. 출판 이후 이와 관련한 피해 발생 시 저작자(작가)가 100% 책임을 져야 한다.

제9조 (저작인격권의 존중) 출판사는 위 저작물을 이용함에 있어서 성명표시권 및 동일성유지권 등 저작인격권을 적극적으로

보호하여야 한다.

제10조 (교정) 위 저작물의 내용 교정 및 교열은 저작권자가 수행함을 원칙으로 한다. 다만, 저작권자는 출판사에게 교정 및 교열에 대한 협력을 요청할 수 있으며, 출판사는 저작권자의 요청에 따라 수행한 교정 및 교열 내용에 대하여 저작권자로부터 최종 확인을 받아야 한다.

제11조 (저작물의 수정증감 및 비용 부담)
① 저작자는 출판사가 출판권의 목적인 위 저작물을 중쇄 또는 중판하는 경우에 정당한 범위 안에서 그 저작물의 내용을 수정하거나 증감할 수 있다.
② 출판사는 출판권의 목적인 위 저작물을 중쇄 또는 중판하고자 하는 경우에 그때마다 미리 저작자에게 그 사실을 알려야 한다.
③ 위 저작물의 저작에 필요한 비용은 저작권자가 부담하고, 출판물의 제작, 홍보, 광고 및 판매에 필요한 비용은 출판사가 부담한다.
④ 초판 1쇄 발행 이후 중쇄 또는 중판을 발행함에 있어 저작자의 요청에 따른 수정, 증감 등에 의하여 통상의 제작비를 현저히 초과하는 경우 그 초과금액에 대한 저작권자의 부담액은 저

작권자와 출판사가 협의하여 정한다. 이때 통상의 제작비는 초판 1쇄 발행 비용을 기준으로 산정한다.

제12조 (저작권의 표지 등)

① 출판사는 위 저작물의 출판물에 적당한 방법으로 저작자의 성명과 발행 연월일 등 저작권 표지를 하여야 한다.

② 저작권자와 출판사는 검인지를 '부착하기로(　) / 부착하지 아니하기로(　)' 합의한다.

제13조 (정가, 판형, 제책방식 등)

① 위 저작물의 출판물에 대한 정가, 판형, 제책방식 등은 출판사가 결정한다. 다만, 저작권자가 출판사에게 이에 대한 의견을 표시한 경우 출판사는 적극적으로 저작권자와 협의하여야 한다.

② 중쇄(중판)의 시기 및 홍보 광고, 판매의 방법 등은 출판사가 결정한다. 다만, 출판사는 사전에 저작권자와 이를 협의할 수 있다.

③ 출판사는 출판물을 홍보 광고함에 있어 저작자 및 저작권자의 명예를 훼손하여서는 아니 된다.

제14조 (계속 출판의 의무) 출판사는 이 계약기간 중 위 저작물

을 계속 출판하여야 한다. 다만, 6개월 동안 판매량이 ＿＿부 이하가 될 경우, 저작권자와 출판사가 합의하여 이 계약을 해지할 수 있다.

> 계약기간 동안 출판사는 계속 책을 인쇄해야 한다. 그러나 출판사는 판매가 되지 않는 책을 계속해서 인쇄할 수는 없다. 따라서 일정 기간의 평균 판매율이 일정 권수 이하일 경우 상호 협의를 거쳐 계약을 해지한다는 내용이다. 이 사항은 저작자와 출판사가 상호 협의하여 평균 판매량을 결정한다.

제15조 (저작권사용료 등)

① 출판사는 아래와 같이 저작권자에게 정가의 일정 비율에 해당하는 금액에 일정 부수(발행부수 또는 판매부수)를 곱한 금액을 지정 계좌를 통하여 저작권사용료로 지급한다. 이때 저작권자는 출판사에게 발행부수 또는 판매부수에 대한 자료를 요청할 수 있다.

초판의 경우 도서정가의 ＿＿＿% 발행부수, 2쇄부터는 도서정가의 ＿＿＿% 판매부수 (　　)
도서정가의 ＿＿＿% 발행부수 (　　)
도서정가의 ＿＿＿% 판매부수 (　　)
기타 ＿＿＿＿＿＿＿＿＿＿＿＿＿＿＿＿＿＿＿＿＿＿＿＿

② 출판사는 ＿＿개월에 한 번씩 발행부수 또는 판매부수를 저작권자에게 통보하고 통보 후 30일 이내에 그 기간에 해당하는 저작권사용료를 지급하여야 한다. 만일 출판사가 발행부수 또는 판매부수를 약정기일 내에 통보하지 아니하는 경우 저작권자는 저작권사용료를 청구할 수 있으며, 출판사는 청구일로부터 30일 이내에 이를 지급하여야 한다.

③ 저작권자는 납본, 증정, 신간 안내, 서평, 홍보 등을 위하여 제공되는 부수에 대하여는 저작권사용료를 면제한다. 다만, 그 부수는 매쇄 당 ＿＿%를 초과할 수 없으며, 출판사는 자세한 내역을 저작권자에게 알려주어야 한다.

> 책의 인세를 결정하는 항목이다. 초보 작가의 경우 8% 전후로 계약을 하는 편이다.
> 만약 1쇄가 모두 판매되어 2쇄가 제작되면 인세 비율을 다르게 설정할 수 있다. 보통 2쇄부터의 인세 비율은 10%로 책정한다. 책이 많이 판매될수록 출판사는 안정된 수익을 얻을 수 있기 때문에 작가에게 조금 더 높은 인세를 지급할 수 있다. 판매 부수에 따른 인세 비율은 출판사와 계약 시 상호 협의하에 결정하면 된다.
> 참고해야 할 사항은 홍보나 증정용으로 사용하는 책에 대해서는 인세를 지급하지 않는다. 또한 매 쇄당 홍보나 증정용으로 사용할 책의 비율은 통상 10% 이내로 결정한다.

제16조 (선급금)

　① 출판사는 이 계약 성립일로부터 _____영업일 이내에 선급금으로 _____원을 저작권자에게 지급한다.
　② 초판 제1쇄의 발행부수는 _____부로 정한다.
　③ 출판사는 초판 제1쇄 발행 시 지급할 저작권사용료에서 제1항의 선급금을 공제한다.

> 선급금, 선인세, 계약금 모두 같은 뜻이다. 출판사와 계약할 때 먼저 지급받을 금액을 산정한다. 선급금은 작가나 책에 따라 천차만별이므로 통상적인 금액을 말하기는 어렵다. 게다가 선급금 없이 출판 계약을 하기도 한다.
> 선급금에 대해 꼭 알아야 할 것이 있다. 선급금은 말 그대로 '먼저 지급하는 인세'다. 예를 들어 선급금 100만 원에 인세는 8%로 계약했다고 가정하자. 이후 15,000원으로 산정된 책의 1쇄 초판 1,000권이 모두 판매됐다면 우리가 받아야 할 인세는 120만 원이다. 하지만 먼저 선급금 100만 원을 받았기 때문에 추가되는 인세 20만 원만 더 지급받는다.

제17조 (저작권자에 대한 증정본 등)

　① 출판사는 초판(개정판) 1쇄 발행 시 _____부, 중쇄 발행 시 _____부를 저작권자에게 증정한다.
　② 저작권자가 제1항의 부수를 초과하는 출판물이 필요한 경우 정가의 ____%에 해당하는 금액으로 출판사로부터 구입할

수 있다.

제18조 (2차적저작물작성권 등)

① 이 계약기간 중에 위 저작물이 국내외 제3자의 요청에 의하여 번역, 각색, 편곡, 변형 등의 방법으로 2차적저작물로서 이용되는 경우 그에 관한 이용허락 등 모든 권리는 저작권자에게 있으며, 출판사에 먼저 요청이 오는 경우 출판사는 이 같은 사실을 위의 제3자에게 알려주어야 한다. 아울러 출판사는 제3자의 저작물 이용허락 요청 사실을 저작권자에게 알려주어야 한다.

② 이 계약의 목적물인 위 저작물의 내용 중 일부가 국내외 제3자의 요청에 의하여 복제 및 공중송신 등의 방법으로 재이용되거나 기타의 방법에 의하여 부차적으로 이용되는 경우 그에 관한 이용허락 등 모든 권리는 저작권자에게 있으며, 출판사에 먼저 요청이 오는 경우 출판사는 이 같은 사실을 위의 제3자에게 알려주어야 한다. 아울러 출판사는 제3자의 저작물 이용허락 요청 사실을 저작권자에게 알려주어야 한다.

③ 제1항 및 제2항에도 불구하고 출판사에 저작권법에 따른 저작권대리중개업 자격이 있는 경우 저작권자는 2차적 및 부차적 이용에 따른 저작권사용료의 징수 등 2차적 및 부차적 이용허락에 관한 사항의 전부 또는 일부를 출판사에게 위임할 수 있다. 그 위임의 범위 및 발생 수익의 분배 비율 등 자세한 사항은

별도의 서면으로 합의하여 정한다.

제19조 (전집 또는 선집 등에의 수록) 이 계약기간 중에 저작권자가 위 저작물을 자신의 전집이나 선집 등에 수록, 출판할 때는 미리 출판사의 동의를 얻어야 한다.

제20조 (저작재산권 또는 출판권의 양도 등)
① 저작권자는 위 저작물의 복제권 및 배포권의 전부 또는 일부를 제3자에게 양도하거나 이에 대하여 질권을 설정하고자 하는 경우에는 사전에 이를 출판사에게 통보하여야 한다. 다만, 이 경우 출판사의 출판권을 침해하여서는 아니 된다.
② 출판사는 위 저작물의 출판권을 제3자에게 양도하거나 이에 대하여 질권을 설정하고자 하는 경우에는 사전에 저작권자의 서면 동의를 얻어야 한다.

제21조 (판면파일의 구매 및 양도)
① 저작권자는 위 저작물이 수록된 출판물의 판면을 그대로 이용하여 전자책(e-Book) 등 비종이책의 제작을 제3자에게 허락할 수 없으며, 저작권자가 이를 허락하고자 할 경우 위 저작물의 교정 및 편집에 따른 비용을 감안하여 출판사로부터 판면파일을 구매하여야 한다.

② 제1항에 따라 출판사가 저작권자에게 출판물의 판면파일을 양도하는 경우 그것의 구체적인 금액 등에 관한 사항은 별도 서면으로 합의하여 정한다. 이때 출판사는 저작권자에게 객관적인 근거에 입각한 합리적인 양도 금액을 제시하여야 한다.

> 출판사에서는 작가가 만든 원고를 책으로 만들기 위해 편집을 한다. 편집을 거친 후 만들어진 인쇄용 원고는 책과 똑같은 형태를 하고 있는데 이를 판면 파일이라고 한다. 원고 자체는 작가가 만들었지만, 판면 파일은 출판사에서 제작한 것이므로 소유권이 출판사에 있다. 따라서 판면 파일을 사용하여 별도로 전자책을 제작하거나 판매하려는 경우 출판사와 협의 후 일정 비용을 내야 한다.

제22조 (계약 내용의 변경) 이 계약은 저작권자와 출판사 쌍방의 서면에 의한 합의에 따라 변경할 수 있다.

제23조 (계약의 해지 또는 해제)

① 저작권자 또는 출판사가 이 계약에서 정한 사항을 위반하였을 경우 그 상대방은 _____일(개월) 이상의 기간을 정하여 제대로 이행할 것을 요구할 수 있다.

② 제1항의 조치에도 불구하고 이를 이행하지 아니하는 경우 그 상대방은 이 계약을 해지 또는 해제할 수 있고, 그로 인한

손해의 배상을 청구할 수 있다.

③ 저작권자는 출판사가 더 이상 출판할 의사가 없음을 표명하거나 절판 및 도산 등의 사유로 출판할 수 없는 상황이 명백한 경우 즉시 계약의 해지를 출판사에게 통보할 수 있다.

④ 저작권자 또는 출판사(소속 임직원을 포함한다)가 상대방에게 관련 법률에 따른 성희롱, 성폭력을 저지른 경우 그 상대방은 이 계약을 해지할 수 있으며, 그로 인한 손해배상을 청구할 수 있다.

제24조 (성희롱 등의 피해 구제) 제23조 제4항에도 불구하고 계약자(계약단체의 대표를 포함하여 단체에 소속되어 있는 임직원 및 자문 기획위원 등 지휘 감독하는 지위에 있는 자) 및 계약 대상자 중 어느 일방이 상대 구성원으로부터의 성희롱 등 행위로 정상적인 저작물 창작활동 또는 자신의 직무를 수행하지 못한 경우, 계약을 해지하지 않고 그 내용을 국가인권위원회에 진정하거나 문화체육관광부 장관에게 신고하여 분쟁을 해결할 수 있다.

제25조 (출판권 소멸 후의 배포)
① 출판권이 소멸한 후에도 출판사는 계약기간 만료일 이전에 발행된 도서의 재고품을 _____개월 동안 배포할 수 있다.

② 제1항에 따른 재고품의 배포에 대하여 출판사는 제15조 제1항에 따라 저작권자에게 저작권사용료를 지급하여야 한다.

> 계약기간이 끝나기 전 인쇄된 책에 대해 계약 종료 후 언제까지 출판사에 판매 권한을 부여할지 결정해야 한다. 이 기간에 발생하는 인세는 계약기간과 똑같이 지급된다. 만약 협의한 기간 이후에도 판매나 배포를 계속하면 법적 대응을 할 수 있다.

제26조 (재해, 사고) 천재지변, 그 밖의 불가항력의 재난으로 저작권자 또는 출판사가 손해를 입거나 계약 이행이 지체 또는 불가능하게 된 경우에는 서로의 책임을 면제하며, 후속조치를 쌍방이 합의하여 결정한다.

제27조 (비밀 유지) 저작권자와 출판사는 이 계약의 체결 및 이행과정에서 알게 된 상대방 및 상대방의 거래처 등에 관한 정보를 상대방의 서면에 의한 승낙 없이 제3자에게 누설하여서는 아니 된다.

제28조 (개인정보의 취급)
① 저작권자와 출판사는 위 저작물의 출판 및 이에 부수하는 업무 과정에서 알게 된 상대방의 개인정보를 개인정보보호법의

취지에 따라 유의하여 취급하여야 하며, 사전 동의 없이 이를 누설하거나 다른 사람이 이용하도록 제공하여서는 아니 된다.

② 저작권자는 출판사가 이 계약에 의한 출판물의 제작 및 광고, 홍보, 판매 등을 위하여 저작권자가 제공한 정보를 스스로 이용하거나 제3자에게 제공하는 것을 허락한다. 다만, 저작자의 초상 이용에 대하여는 저작자와 출판사가 합의하여 결정한다.

제29조 (계약의 해석 및 보완) 이 계약에 명시되어 있지 아니한 사항에 대하여는 저작권자와 출판사가 합의하여 정할 수 있고, 해석상 이견이 있을 경우에는 저작권법 등 관련법률 및 계약해석의 원칙에 따라 해결한다.

제30조 (분쟁의 해결)
① 이 계약과 관련한 분쟁이 발생할 경우 저작권자와 출판사는 제소에 앞서 한국저작권위원회의 조정을 받을 수 있다.
② 제1항의 조정이 성립되지 아니하는 경우에 저작권자와 출판사 사이에 제기되는 소송의 제1심 법원은 _____법원으로 한다.

■ 특약 사항

_____
_____
_____
_____
_____
_____

　　이 계약을 증명하기 위하여 계약서 3통을 작성하여 저작권자, 출판사가 날인 또는 서명한 다음 각 1통씩 보관하고 1통은 출판권 설정 등록용으로 사용한다.

　　　　　　　　_____년____월____일

저작권자의 표시
　주　　소 :
　생년월일 :
　성　　명 :_____(인)
　계좌번호

출판사의 표시

주　　소 :

출판사명 :　　　　사업자등록번호 :

대표자 성명 : _____ (인)

계약서는 서로를 견제하거나 힘 싸움을 위한 용도가 아니다. 서로에게 가장 이득이 되는 조건을 협의하고 최악의 상황을 대비하기 위한 용도라고 여기면 된다. 단, 내용에 대한 무지함으로 발생하는 불이익은 없어야 한다. 그러니 각 항목을 잘 살펴보고 계약을 진행하자.

계약 후 일어나는 일들

계약이 모든 일의 끝이 아니다. 새로운 일의 시작이다. 계약함과 동시에 우리는 출판사와 함께 일을 해야 한다. 출판사의 편집자와 원고 수정 부분에 대해 지속적으로 소통해야 하며 정해진 마감일까지 최종 원고를 완성해야 한다.

만약 최대한 빨리 책을 출간까지 이끌고 싶다면 이 마감일을 기필코 지켜야 한다. 책이 출간되는 과정에서 출판사의 사정으로 출판이 지연되는 경우는 거의 없다. 대부분 작가가 마감일을 지키지 못해서 일정이 지연된다. 출판은 작가와 편집자 단둘이 진행하는 일이 아니다. 게다가 출판사에서는 한 번에 한 권의 출판을 진행하는 것도 아니다. 출판사 내의 다양한 부서가 서로 협력하고, 외부 디자이너를 섭외하기도 한다. 그만큼 많은 사람이 일정을 맞춰서 일을 진행하기 때문에 계획이 달라지면 서로 조정해야 하는 상황들이 매우 많이 일어난다.

물론 개인마다 사정은 있을 것이다. 그러나 다른 사람의 책이 아니라 자신의 책을 하루라도 빨리 만나보고 싶다면 마감일을 꼭 지켜야 한다.

최종 원고가 완성되었으면 이제 공은 출판사로 넘어간다. 이 시기부터 출판까지는 대략 2개월 정도 소요된다. 최종 원고가 완성되었다고 해서 그 모습 그대로 출간되지 않는다. 편집자의 손을 거쳐 교정과 교열을 거치고 디자이너를 통해 원고가 책의 모습을 갖춰나가야 한다. 이 과정에서 만들어지는 첫 번째 인쇄물을 '1교'라고 한다.

1교는 기본적인 교정, 교열과 디자인 콘셉트만 반영된 상태이기 때문에 다소 투박하거나 덜 정돈된 느낌을 줄 수 있다. 이 상태에서 편집자와 디자인 콘셉트나 본문 글의 구성에 대해 서로 의견을 나누며 2교를 준비한다.

2교는 1교를 확인한 작가와 편집자가 생각한 수정 사항들을 반영한다. 2교가 완성되면 1교와 대조 작업을 진행하고 수정 사항이 제대로 반영이 됐는지 확인한다. 물론 여기서도 수정 사항이 생기게 된다. 편집자는 주로 페이지 수가 고르게 반영됐는지, 그림이나 표는 이상이 없는지 확인한다. 우리는 글을 위주로 한 번 더 확인하자. 문장은 잘 구성되어 있는지, 더 추가해야 할 내용은 없는지 살펴보자.

3교부터는 '여기서 책을 끝낸다, 책을 완성한다.'라는 생각으로 집중해서 달려들어야 한다. 목차를 비롯한 책의 모습을 갖춘 상태이기 때문에 큰 부분의 수정을 하려면 1교와 2교에 비해 시간과 노력이 훨씬 더 많이 소요된다. 따라서 놓치지 말아야 할 부분들을 최대한 꼼꼼히 살펴보고 4교, 또는 5교까지 넘어가지 않도록 하는 것이 좋다.

수정이 완료된 최종 파일은 보통 편집자가 PDF로 전송해준다. 최종 파일이지만 오탈자나 잘못된 부분을 발견하면 빨리 수정해야 한다. 이 단계를 지나치면 인쇄 단계에 들어서기 때문이다. 마지막으로 꼼꼼히 확인하고 인쇄 후 아쉬워하는 일이 없도록 하자.

모든 작업이 완료되면 파일은 인쇄소로 넘어가게 된다. 이 단계부터는 작가가 하는 일은 없다. 만약 그림이나 디자인과 관련한 책이라면 모를까 인쇄소에서는 작가가 확인해야 할 요소가 없기 때문이다. 이 단계에서는 편집자가 인쇄소와 함께 의견을 나누며 작업을 진행한다.

이 외에도 저자소개, 제목 회의, 카피 라이팅, 표지디자인 등 다양한 일이 기다리고 있다. 일이라고 지칭하지만 즐거운 과정이다. 내가 써낸 글들이 모여 드디어 책이 된다.

이제 모든 과정은 마무리됐다. 드디어 출간이다.

10장 정리

주요 항목 알아두기

- 선급금과 인세에 대해 이해하자.
- 숫자와 관련된 내용은 출판사와 상호 협의한다.
- 몰라서 발생하는 일은 본인의 책임이다.
- 계약서는 힘겨루기가 아니라 서로를 위한 약속이다.

계약 후 일어나는 일들

- 계약이 끝이 아니다. 새로운 시작이다.
- 계약 후 최종 원고까지의 일정을 지키자.
- 수정 사항은 꼼꼼히 확인하자. 같은 일을 반복할 수도 있다.
- 편집자와 자주 소통하는 것이 좋다.

내 책의 홍보는 내가 한다

 초보 작가들의 경우 마케팅은 오로지 출판사의 몫이라고 생각하는 경우가 많다. 이는 대단히 큰 착각이다. 책을 홍보할 때 가장 중요한 요소는 작가 자신이다. 작가가 가장 앞에 나서서 마케팅 활동을 해야 한다. 물론 출판사도 기본적인 마케팅 활동을 벌인다. 그러나 작가 본인이 두 손을 놓고 수수방관하고 있다면 출판사 입장에서도 적극적인 마케팅을 펼치기 어렵다. 마케팅은 출판사와 작가가 상호 협의 아래에 진행되는 부분도 상당히 많기 때문이다.

 마케팅에 가장 유리한 상황은 작가가 이미 유명한 사람인 경우다. 인플루언서, 강연자, 스포츠 선수, 연예인, 기업인 등의 경우 매체를 통해 출판 소식을 알리는 것만으로 상당한 관심을 얻는다. 하지만 우리는 위에 열거한 사람들과는 다르다. 그러므로 자신을 알리기보다 먼저 책 자체를 알리는 데 집중해야 한다.

타이밍을 놓치지 말 것

영화와 노래도 그러하듯이 책 또한 출간 후 초반이 중요하다. 신간의 초기 판매지수는 얼마만큼 사람들에게 많이 노출되었는지가 중요하기 때문이다. 출간 초기의 판매지수가 저조할 경우 어지간한 명저가 아니라면 반등하기 어려운 것이 현실이다.

생각해보자. 우리는 좋은 신간이 있는지 궁금할 때 온라인 서점의 신간 판매 순위를 살펴본다. 관심이 가는 책이 있다면 평점과 후기를 살펴본다. 이 단계에서 확신이 들었다면 바로 구매하지만 한 번 더 확인하고 싶을 때는 포털사이트를 통해 블로그 서평을 살펴본 후 구매를 결정한다. 거기에 더해 요즘은 SNS나 블로그 등을 통해 책을 먼저 인지한 후 확인 단계를 거쳐 구매하기도 한다.

우리는 독자가 책을 발견한 후 구매까지 이어지는 과정들을 미리 준비해야 한다. 준비는 책의 정식 출간 직후부터, 혹은 그 전부터 진행된다. 만약 미리 홍보를 계획하지 않는다면 가장 중요한 출간 직후의 시기를 놓쳐버리고 만다.

책의 홍보는 출간 이후 한 달 동안이 가장 중요하다. 빠르게 독자의 선택을 받고 좋은 후기들을 모아두어야 한다. 이 과정이 잘 다져진다면 사람들의 입소문을 타기 시작할 것이다. 이때부터 마케팅은 거의 자동으로 이루어진다고 보면 된다.

타이밍을 놓치지 말자. 똑같은 마케팅 활동이라도 시기에 따라 다른 결과를 만든다.

SNS 홍보하기

SNS는 세대를 막론하고 누구나 사용한다. 그중 가장 파급력이 큰 SNS는 인스타그램이다. 특히 인스타그램의 알고리즘은 사용자의 취향에 따라, 자주 사용하는 해시태그(#)에 따라 게시물을 추천해준다. 그래서 내 게시물의 성향이나 해시태그에 따라 팔로워뿐만 아니라 내 게시물에 관심을 가질만한 사람들에게 함께 노출된다.

하지만 SNS의 알고리즘은 꾸준히 활동하는 계정에 대해 더 높은 노출 순위를 부여하기 때문에 평소에도 꾸준한 관리가 필요하다. 일관성 있는 분위기나 콘셉트의 게시물을 꾸준히 업로드하고 팔로워들과 자주 댓글을 주고받아야 한다.

  이 과정은 책을 집필하는 동안 계속 진행해야 한다. 매일 일정 시간을 정해서 꾸준히 팔로워를 늘리고 댓글을 주고받자. 계정을 개설하기만 하고 자주 활동하지 않는 계정은 게시물이 잘 노출되지 않는다. 매일 책을 쓰는 과정을 업로드해도 좋고 책에서 읽은 좋은 구절들을 간략히 정리해도 좋다. 단, 어떤 주제와 형태의 게시물이던 '책'과 관련이 있는 게시물 위주로 업로드하는 것이 좋다.

  우리는 인스타그램 계정을 통해서 책을 홍보해야 한다. 따라서 팔로워 중 책을 좋아하거나 관심이 있는 사람이 많을수록 좋다. 열심히 집필한 후 책을 홍보하는데 팔로워들이 책에 관심이 없는 사람들이라면 아무런 소용이 없다. 그러니 책과 관련한 게시물을 꾸준히 올리고 책에 관심이 있는 사람들과 꾸준히 관계를 만들어나가자.

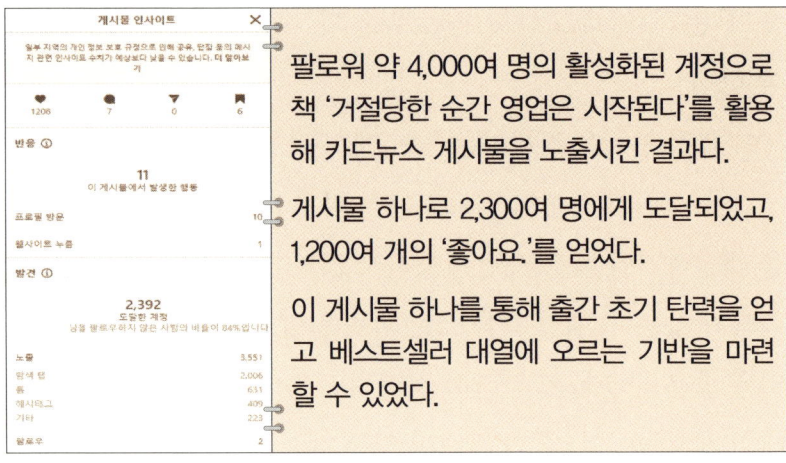

팔로워 약 4,000여 명의 활성화된 계정으로 책 '거절당한 순간 영업은 시작된다'를 활용해 카드뉴스 게시물을 노출시킨 결과다.

게시물 하나로 2,300여 명에게 도달되었고, 1,200여 개의 '좋아요.'를 얻었다.

이 게시물 하나를 통해 출간 초기 탄력을 얻고 베스트셀러 대열에 오르는 기반을 마련할 수 있었다.

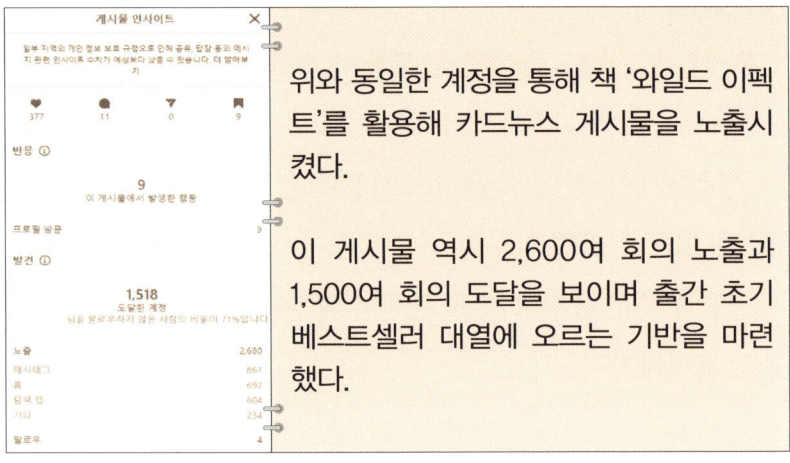

위와 동일한 계정을 통해 책 '와일드 이펙트'를 활용해 카드뉴스 게시물을 노출시켰다.

이 게시물 역시 2,600여 회의 노출과 1,500여 회의 도달을 보이며 출간 초기 베스트셀러 대열에 오르는 기반을 마련했다.

이처럼 팔로워의 관심사를 꿰뚫고 지속적인 관계를 형성하는 계정이라면 폭발적인 홍보 효과를 가져올 수 있다.

SNS를 활용한 이벤트

인스타그램을 이용한 홍보의 또 다른 방법으로는 리뷰 이벤트와 유료광고를 집행하는 방법이 있다. 이 중 별도의 광고비 없이 직접 홍보 활동을 할 수 있는 이벤트에 대해 알아보자.

신청방법
빈디노 계정을 팔로우한 후 댓글에 인스타그램 친구 태그하고 기대평 남기기.

- 신청기간 : 0월 0일(월) ~ 0월 0일(일)
- 당첨자 발표 : 0월 0일(월) 발표 후 개인 DM으로 도서 수령할 정보 취합
- 모집 인원 : 00명
- 리뷰 미션 : 책을 읽은 후 0월 00일(월)까지 인스타그램과 온라인 서점(예스24, 알라딘, 교보문고 중 택1)에 리뷰 작성
- 게시물 업로드 시 필수 해시태그 #와일드이펙트 #와일드북 #자기계발서추천 #북스타그램

리뷰 이벤트는 사람들의 참여를 유도하여 친구 태그를 하거나 리그램을 통해 책이 홍보되도록 해야 한다. 단순히 내 팔로워들에게만 홍보하는 것이 아니라 팔로워의 팔로워, 혹은 새로운

사람들에게도 책이 노출되고 홍보될 수 있도록 하는 방법이다.

이벤트를 통해 책을 알리는 것도 중요하지만, 당첨자들이 책을 받은 후 게시물을 올릴 수 있도록 유도하는 것도 중요하다. 이를 위해서 당첨자를 발표할 때는 당첨자들이 책에 대한 게시물을 만들 수 있도록 유도하자.

이벤트 당첨자를 알려 드립니다.
참여해주신 모든 분에게 감사를 전합니다!
• 당첨자
@000_00 @0_0000 @00_000 @0000_0
• 00월 00일 00시까지 도서 수령에 필요한 이름, 주소, 전화번호를 개인 DM을 통해 알려주세요.
• 도서는 00월 00일 일괄 발송 예정입니다.
• 00월 00일까지 인스타 계정에 인증샷과 함께 후기를 남겨주시면 00 기프티콘을 선물로 보내드립니다. 후기게시물 업로드 후 DM을 통해 알려주세요.^^

별도의 선물을 추가로 제공하지 않아도 좋다. 그러나 이처럼 후기게시물 작성 시 추가 선물을 제공한다는 메시지를 포함하면 당첨자들이 후기게시물을 작성할 확률이 매우 높아진다. 당첨자들이 후기게시물을 올리게 되면 이번에는 우리가 그 게시물을 리그램 혹은 복사하여 게시한다.

참고로 당첨자를 선정할 때는 게시물에 '좋아요'가 많은 사람, 팔로워가 많은 사람, 평소에 책과 관련한 게시물이 많은 사람을 선택하는 것이 중요하다.

여기에 더해 주기적으로 인스타그램에서 내 책에 대한 게시물을 확인하고 감사 인사와 함께 리그램 혹은 스토리 기능을 통해 한 번 더 알리자. 물이 들어올 때 힘차게 노를 저어야 한다.

(팔로워들의 리뷰를 스토리 기능으로 공유하기)

SNS 광고 활용하기

만약 SNS 팔로워가 적거나 노출이 잘되지 않는 계정이라면 인스타그램 광고를 하자. 인스타그램 광고는 매우 적은 비용으로 우리가 원하는 사람들에게 게시물을 노출시킬 수 있다.

 방법은 간단하다. 먼저 인스타그램 계정을 '프로페셔널' 계정으로 변환하자.

 프로필에서 프로필 편집 버튼을 누르면 일반 계정에서 '프로페셔널' 계정으로의 전환이 가능하다.

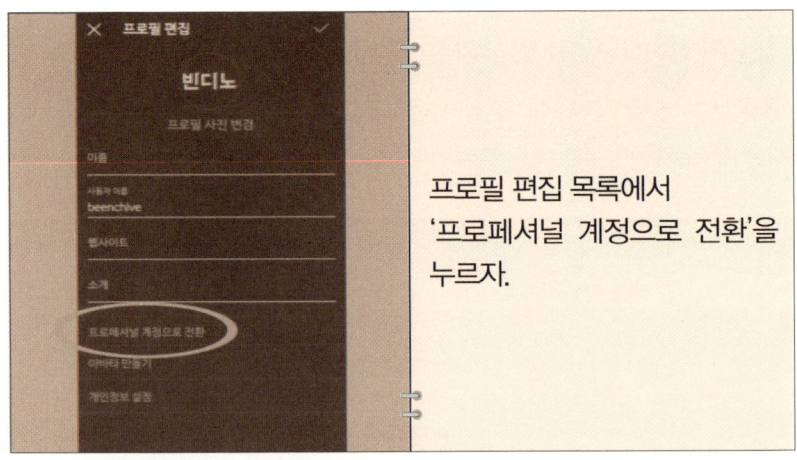

프로필 편집 목록에서 '프로페셔널 계정으로 전환'을 누르자.

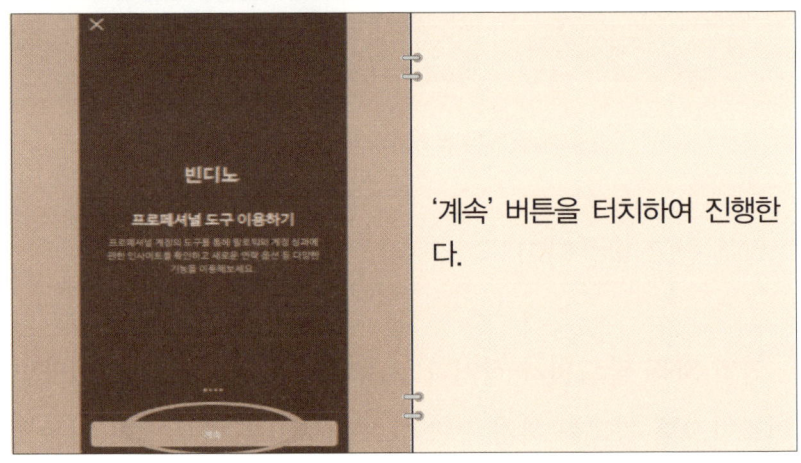

'계속' 버튼을 터치하여 진행한다.

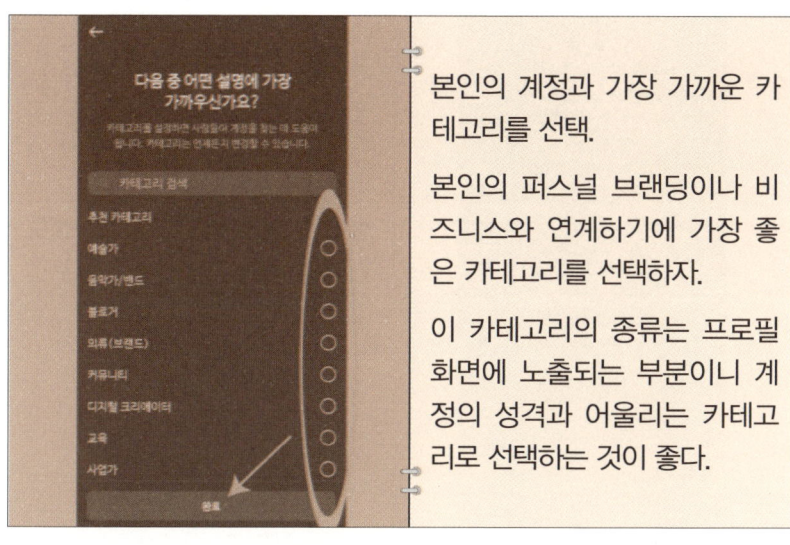

본인의 계정과 가장 가까운 카테고리를 선택.

본인의 퍼스널 브랜딩이나 비즈니스와 연계하기에 가장 좋은 카테고리를 선택하자.

이 카테고리의 종류는 프로필 화면에 노출되는 부분이니 계정의 성격과 어울리는 카테고리로 선택하는 것이 좋다.

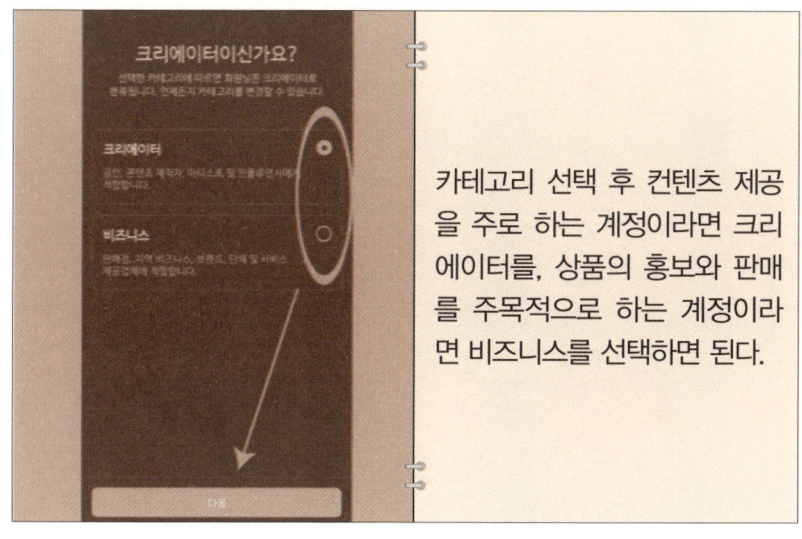

카테고리 선택 후 컨텐츠 제공을 주로 하는 계정이라면 크리에이터를, 상품의 홍보와 판매를 주목적으로 하는 계정이라면 비즈니스를 선택하면 된다.

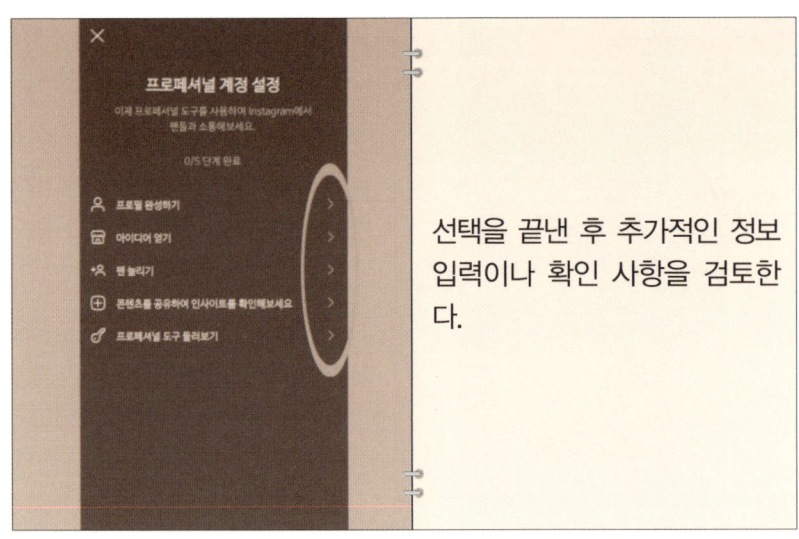

선택을 끝낸 후 추가적인 정보 입력이나 확인 사항을 검토한다.

설정이 끝났다면 게시물 광고를 실행할 수 있다.

'게시물 홍보하기' 버튼을 누르고 광고의 목적을 선택하자.

• **프로필 방문 늘리기**
본인의 SNS 계정으로의 유입을 원할 때

• **웹사이트 방문 늘리기**
본인의 SNS 계정 외에 특정한 사이트로 직접 유입을 원할 때

• **메시지 늘리기**
잠재고객이나 예비 고객들에게 DM을 통한 상담을 유도할 때

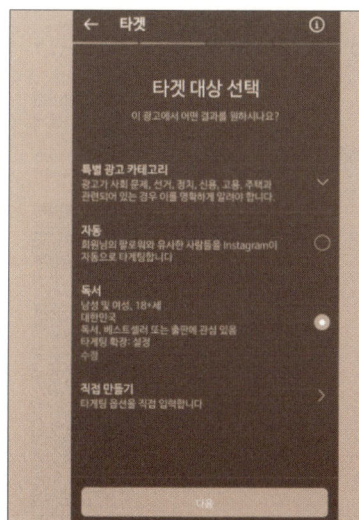

타깃 대상은 본인이 직접 선택할 수 있고 자신과 유사한 계정을 자동으로 선택할 수 있다.

SNS 활동을 많이 했을수록 자동 선택의 정확도가 높아진다고 볼 수 있다.

만약 특정한 타깃을 향한 광고를 원한다면 직접 선택하는 것이 유리하다.

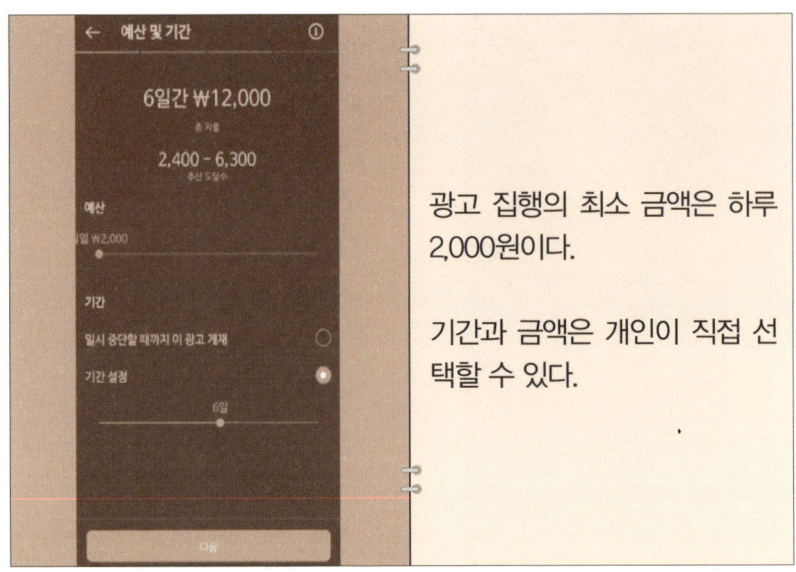

광고 집행의 최소 금액은 하루 2,000원이다.

기간과 금액은 개인이 직접 선택할 수 있다.

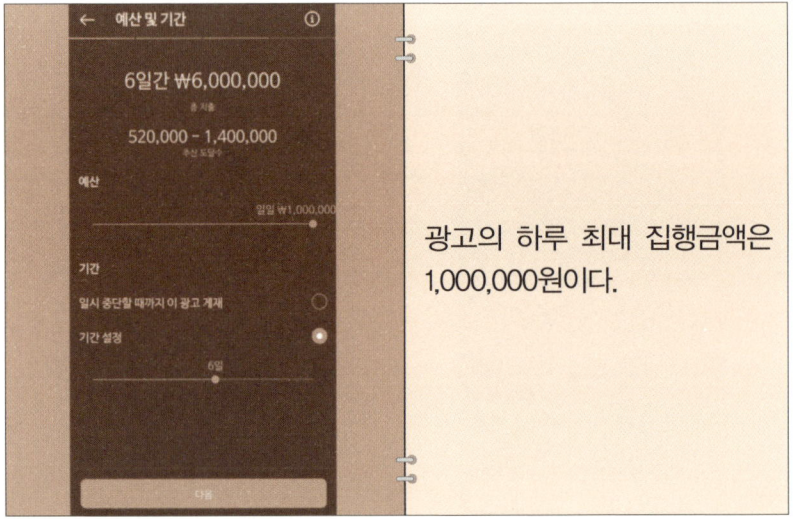

광고의 하루 최대 집행금액은 1,000,000원이다.

이렇듯 SNS 광고는 계정의 활성 여부와 관계없이 저렴한 금액으로 우리가 원하는 타깃에게 정확히 게시물을 노출시킬 수 있다는 장점이 있다. 그래서 당신의 SNS 계정이 활발하지 못하거나 팔로워가 적다고 해도 걱정할 필요가 없는 것이다.

광고 중 가장 높은 가성비를 가진 SNS 광고를 활용해 우리 책을 더 많이 알려보자.

블로그 홍보하기

네이버 블로그는 다양한 방법으로 활용할 수 있다. 블로그는 어찌 보면 SNS와 비슷하다. 이웃 관계에서는 서로의 게시글이 블로그 메인화면에 노출되고 서로 댓글도 달면서 SNS와 비슷하게 활용된다. 하지만 블로그는 SNS와 다르다. 네이버 블로그가 SNS와 다른 결정적 요인은 바로 '검색'이다. 네이버는 검색을 기반으로 한 플랫폼이다. 따라서 누군가 우리의 책을 검색한다면 블로그에 이미 작성된 글이 노출된다.

검색에 대해서 생각해보자. 사람들은 왜 검색을 할까? 이유는 너무나 간단하다. 궁금하기 때문이다. 특히 사람들이 책의 제목을 검색할 때는 그 책이 좋은 책인지, 다른 사람들의 생각은 어떤지, 이 책을 읽었을 때 시간 낭비라는 생각이 들지는 않을지를 궁금해한다. 그래서 우리는 사전에 후기 글을 준비해야 한다.

방법은 간단하다. 인스타그램에서 사용한 방법을 사용하면 된다. 블로그 포스팅을 통해 책의 출간 소식을 알리고 이벤트 내용이 담긴 게시물을 전체 공개 상태로 스크랩하도록 한다.

> 포스팅의 본문은 책의 내용, 장점, 책을 읽어야 할 사람들에 대해 안내합니다.
>
> 책 출간 기념 '서평 이벤트'
>
> - 신청 기간 : 00월 00일 ~ 00월 00일 00시까지
> - 신청 방법
> 1. OOO 작가의 블로그를 이웃 추가해주세요.
> 2. 본 포스팅을 전체 공개 상태로 스크랩해주세요.
> 3. 본 포스팅의 댓글에 스크랩한 페이지의 url과 '참여 완료' 메시지를 남겨주세요.
> - 당첨자 발표 : 00월 00일 00시
> 당첨되신 분은 00월 00일 00시까지 블로그와 온라인 서점 홈페이지를 통해 서평을 작성하신 후 url을 남겨주세요.^^

이처럼 블로그를 통해 작가가 직접 서평을 모집할 수 있다. 이 방식의 장점은 비용을 들이지 않고 네이버에 내 책에 대한 후기 글을 쌓아둘 수 있다는 점이다.

네이버는 우리나라에서 가장 많이 사용되는 검색 엔진이다. 최근 구글의 점유율이 올라가고 있다고 하지만 아직은 네이버의 점유율이 압도적이다. 그러니 최대한 빨리 네이버에 내 책의 후기 글을 쌓아둬야 한다.

서평단 모집 신청하기

네이버 블로그를 통해서 작가 본인이 직접 서평 이벤트를 하는 방법도 있지만, 요즘은 서평단을 전문으로 운영하는 커뮤니티도 많다. 이 커뮤니티 내에는 책을 좋아하고, 글 쓰는 것을 좋아하는 사람들이 모여있다. 따라서 불특정 다수의 서평보다 상대적으로 질이 높은 서평을 얻을 가능성이 크다. 게다가 서평단에 당첨된 사람들은 커뮤니티에서 제시한 날짜에 맞춰 서평을 작성하지 못하면 다음 서평 이벤트에 응모하지 못하거나 당첨될 확률이 낮아지기 때문에 날짜에 맞춰 질 좋은 서평을 작성하기 위해 알아서 노력한다.

1) 네이버 카페

'서평단'이라는 키워드로 네이버 카페를 검색하면 수많은 카페를 볼 수 있다. 이 중 최근에도 활발하게 서평단 모집과 활동이 진행되는 카페는 '리뷰어스 클럽', '책과 콩나무', '몽실 북클럽', '컬쳐블룸'이다.

각 카페에 서평단 모집을 의뢰하는 방법은 다음과 같다.

가. 카페 매니저에게 서평단 의뢰 문의 쪽지나 메일을 발송
나. 카페에서 요구하는 정보(책 사진, 희망 서평 인원수, 책에 대한 홍보자료, 필수 해시태그 등) 제공
다. 일정 협의 후 서평단 모집 공지글 게시

이때 카페 매니저가 책을 몇 권 더 요청할 수 있다. 이는 카페 운영진들 몫의 책이다. 별다른 수고비를 요청하지 않는 경우가 많으니 수고비의 개념으로 제공하면 된다. 운영진들도 함께 서평을 작성하거나 홍보 활동에 참여해주기도 한다.

서평단 모집이 완료되면 카페에서 당첨자의 인적 사항을 보내온다. 이를 통해 책을 발송하면 된다.

2) 서평단 모집 사이트

네이버 카페 외에도 다양한 서평단 모집 사이트가 있다. 다만 사이트마다 특정 독자층을 고려한 책 위주의 서평단을 운영하므로 사전에 확인이 필요하다.

그러나 예스24 리뷰어클럽은 특정 독자층에 구애받지 않는다. 게다가 예스24라는 국내 최대 온라인 서점 플랫폼을 등에 업고 운영되는 서평단 모집 사이트다. 서평단 입장에서는 예스24 블로그만 개설하면 참여 자격이 주어지기 때문에 다른 사이트에 비해 참여율도 매우 높은 편이다.

다만 예스24 리뷰어클럽에서는 정치, 종교, 사상에 관련한 도서는 서평단 모집에 제한을 두고 있다. 이에 해당되지 않는 도서라면 얼마든지 서평단 모집을 신청할 수 있다.

신청은 예스24 리뷰어클럽 블로그 내의 모집 안내에 따라 신청서를 작성하면 된다. 도서는 최소 5권에서 최대 20권을 권장하고 있다. 항목에 맞춰 신청서를 작성하면 담당자의 확인 후 서평단 모집 공지가 게시된다.

카페와 마찬가지로 서평단 모집이 완료되면 당첨자들의 인적사항에 따라 도서를 발송하면 된다.

할 수 있는 건 다 해야 한다

가. 판매지수 공략하기

온라인 서점에는 판매지수가 있다. 매일 책이 판매될 때마다 집계된다. 단, 판매지수는 한 번에 많이 판매되는 것보다 매일 꾸준히 판매되는 것이 중요하다. 같은 책을 하루에 몇 권을 구매하든지 하나의 아이디당 하루 한 번만 집계된다. 따라서 지인들에게 홍보할 때 한 번에 많이 구매하지 않도록 당부하자.

특히 판매지수를 공략하기 위해서는 한 곳의 온라인 서점에서만 구매하도록 해야 한다. 판매지수가 여러 온라인 서점으로 분산되는 것보다 한 곳의 온라인 서점에서 집중적으로 올라가는 것이 좋다. 상대적으로 높은 판매지수를 보이는 책은 다른 판매처에도 영향을 줄 수 있기 때문이다. 그러니 초반에는 한 곳의 온라인 서점을 선정하고 그곳에서만 구매하도록 홍보하자. SNS나 홍보를 위한 링크를 만들 때도 한 곳의 온라인 서점으로 연결하자. 온라인 서점 중에서는 점유율이 높은 예스24를 추천한다.

나. 도서관 공략하기

모든 신간이 도서관에 비치되는 것은 아니다. 물론 유명 작가의 신간이나 영향력 있는 사람들의 책은 도서관 측에서 미리 비치를 하지만 초보 작가들의 책은 도서관에 비치되기가 어렵다. 따라서 직접 도서관에 우리 책이 비치될 수 있도록 해야 한다.

도서관 홈페이지에는 희망 도서를 신청하는 곳이 있다. 이곳을 통해 내 책을 신청하자. 책 자체에 결격사유가 있거나 특수한 목적을 가진 도서관이 아니라면 승인은 어렵지 않다. 도서관에 책이 비치되면 더 많은 사람에게 내 책이 노출된다. 많은 사람이 내 책을 읽고 입소문이 나면 구매율도 올라가는 현상이 생긴다.

특히 도서관에는 신간 도서가 따로 비치되기 때문에 책을 좋아하거나 자기계발에 관심이 있는 사람들에게 내 책을 더 가까이 가져다 놓을 수 있다. 단, 희망 도서 신청은 직접 도서관을 방문해서 정회원으로 회원등급을 올린 후 진행할 수 있다. 게다가 거주지를 기준으로 회원등록을 해야 하는 경우가 많으니 가능하다면 주변 지인들에게도 부탁하는 것이 좋다. 책의 홍보를 위해서 할 수 있는 것은 다 해야 한다.

11 장　정리

타이밍을 놓치지 말 것

- 홍보는 미리 계획하고 준비해야 한다.
- 타이밍을 놓치면 홍보 효과는 줄어든다.
- 첫 한 달이 가장 중요하다.

SNS / 블로그 홍보하기

- 평소 비슷한 관심사의 사람과 꾸준히 소통하자.
- 팔로워와 이웃을 통해 더 많은 사람에게 노출하자.
- 사람들은 '무료', '선물'에 약하다.

서평단 모집 신청하기

- 책, 리뷰와 관련된 카페를 미리 알아두자.
- 회원으로 활동하며 시스템을 익혀보자.
- 미리 운영진들에게 문의하여 준비사항을 체크하자.

할 수 있는 건 다 해야 한다

- 한 곳의 온라인 서점을 골라 판매지수를 공략하자.
- 도서관에 내 책을 희망 도서로 신청하자.
- 지인에게 도움을 청할 일이 많다. 미리 잘하자.

마치며

 지금까지 책을 출판하는 방법과 과정에 대해 알아보았다. 이 책에는 책을 출판하기 위한 정보들이 모두 들어 있다. 방법을 모두 제시했으니 이제는 실행만이 남았다. 어떤가? 바로 실행할 자신이 있는가? 의지가 넘치는가? 부디 그러기를 바란다.
 하지만 처음으로 책을 쓰는 사람이 모든 과정을 오롯이 혼자서 진행하는 것은 어려운 일이다. 이것은 분명한 사실이다. 때로는 누군가와 의견을 나누고 싶고, 조언을 구하고 싶고, 지칠 때는 새로운 동기부여가 필요하기도 하다. 이럴 때 누구와 의견을 나누고, 누구에게 조언을 구하고, 누구에게 동기부여를 받겠는가?
 책을 쓰지 않는 사람은 공감하기 어렵다. 매일 글을 쓰지 않는 사람은 조언할 수 없다. 책 쓰기의 어려움을 모르는 사람은 동기를 북돋아 줄 수 없다. 그래서 책 쓰기란 참으로 외로운 길이 아닐 수 없다. 가장 친한 친구조차 그저 "힘내라."라는 말 외에는 해줄 수 있는 게 없으니 말이다. 특히 처음 책을 쓰는 과정에서 이런 어려움은 너무나 크게 다가온다.
 만약 당신이 이런 어려움을 느낄 때 의견을 나누고 조언을 구할 수 있는 사람이 있다면 어떻겠는가. 어딘가에서 당신과 같은 어려움을 겪는 사람과 서로 의견을 나누고, 응원하고, 조언을 구하고, 힘을 얻을 수 있다면 어떻겠는가. 아마도 분명히 길고 외로운 길에서 든든한 조력자를 만난 기분을 느낄 것이다.

처음 출판을 향해 가는 길을 함께 가고자 한다면 [프리에이전트 네이버 카페]를 꼭 방문하기를 바란다. 이 책에서 다룬 내용을 포함해 앞으로도 도움이 될 자료들을 꾸준히 제공할 예정이다. [프리에이전트 네이버 카페]는 말 그대로 이 책을 통해 프리에이전트로서 발돋움하는 사람들을 위해 존재한다. 카페를 통해 얻을 수 있는 것은 다음과 같다.

① 카카오톡 오픈 채팅을 통한 신규 작가들의 소통공간 제공.
② 글쓰기 인증 게시판을 통한 글쓰기 습관 형성 지원.
③ 도서 구매자들에 대해 신규 업데이트 전자책 제공.
④ 각종 워크시트 제공.
⑤ 1일 특강 개최 시 우선 접수 혜택 부여.
⑥ 1:1 코칭 구매 시 우대 조건 제공.
⑦ 출판 계약 달성 시 서평 이벤트 지원. (SNS, 블로그)

이 외에도 늘 교류하며 함께 한다는 든든함이 가장 큰 선물이 될 것이다.

실행이란 생각보다 쉽지 않다. 특히 책 쓰기와 같은 자율적인 일이라면 더더욱 그렇다. 어딘가에 소속되어 있지 않은 상태에서 혼자서 모든 것을 결정하고 계획을 지켜나가는 것은 매우 어려운 일이다. [프리에이전트 네이버 카페]는 그래서 존재한다. 그 어려움을 누구보다 잘 알고 이해하기 때문이다.

게다가 회원들의 요청이 있거나 도움이 되는 내용이 있다면 수시로 특강도 계획하고 있으니 꼭 놓치지 않기를 바란다.

이 책을 한 번 읽었다고 몇 개월 후에 여러분의 눈앞에 책이 생겨나지 않는다. 절대로. 이제부터는 컴퓨터 앞에 앉아 글을 써야 한다. 그리고 책이 만들어질 때까지 반복해야 한다. 이 방법이 유일하게 책을 출판을 할 수 있는 방법이다.

지식은 행동할 때 완성된다. 머리로만 알고 있는 지식은 지식이 아니다. 당장 오늘부터 매일 A4 한 페이지 분량의 글을 써나가자. 의욕이 떨어지면 다시 이 책을 꺼내 보라. [프리에이전트 네이버 카페]를 방문해서 사람들과 의견을 주고받자. 그리고 다시 쓰자. 출간 계획서도 만들어 잘 보이는 곳에 두자. 그리고 귀찮음이 찾아올 때 읽어보자.

이제는 정말 실행, 행동만이 필요하다. 부디 100일 후에는 첫 초고를 완성한 뿌듯함을 자랑스럽게 이야기할 수 있기를 바란다.

어떻게 부자가 될 수 있을까

생각하면 이루어지는 12가지 성공법칙

생각하라 그러면 부자가 되리라
나폴레온 힐 지음 | 유광선·최강석 편역 | 값 18,000원

왜 부자가 되어야 하는가

이 책을 펼친 순간 이미 당신은 부자의 대열에 서 있다.
부자가 되려면 부자와 같은 생각을 하고 그들의 생각을 따라 행동하면 된다. 더 나은 것은 부자의 생각을 훔치는 것이다.
부자를 위해서 살 것인지 아니면 부자로 살 것인지 선택은 오로지 당신의 몫이다!

행복한 성공의 바이블

어떻게 친구를 얻고 사람을 변화시킬 수 있을까
통찰과 실행을 돕는 코칭 질문 세계 최초 수록!

카네기 인간관계론

데일 카네기 지음 | 유광선·최강석 편역 | 432쪽
신국판 | 값 18,000원

이 책은 데일 카네기의 대표 저서인 '인간관계론How To Win Friends and Influence People'을 저술한 것이다. '인간관계론'에 초점을 맞추고 있지만, 그의 저서 중 '자기관리론, 성공 처세론, 인생론' 중 인간관계를 돈독히 함으로써 성공한 인생의 교본이 될 만한 것들을 편역자들이 고심하여 발췌 번역한 후 다시 독자들의 실천을 통해 좀 더 유용할 수 있는 내용을 한데 묶어 편집한 것이다.

어떻게 부자가 될 수 있을까
생각하면 이루어지는 12가지 성공법칙

거절당한 순간 영업은 시작된다
엘머 레터만 지음 | 유광선 편역 | 256쪽
국판 값 | 18,000원

훌륭한 세일즈맨들은 아무리 '예스'가 희미하게 들리더라도 그것을 달아나게 내버려 두지 않는다. 왜냐하면 직업적인 영업기술은 고객의 거절로부터 시작되기 때문이다. 이 책은 많은 사람들에게 영업을 이해하는 데 도움을 줄 뿐만 아니라 그 실천 노하우를 자신의 영업기술에 적용해 목적을 달성하게 해주는 것은 물론 제2의 인생을 사는 데에도 커다란 도움이 될 것이다.

행복한 성공, 100권의 책을 읽고, 100명의 전문가를 만나고, 100곳을 방문하라!

**국제코치연합
한국상담협회
한국아들러협회
추천도서**

사람과 사업이 지속가능하게 하는 힘
와일드 이펙트
유광선 지음 | 304쪽 | 신국판 | 값 18,000원

간절히 원하고, 생생하게 상상하라!
뜨겁게 공부하고, 당당하게 선언하라!

이 책의 저자는 자신이 찾은 행복한 인생의 비밀을 WILD라는 단어에 담아냈다. WILD는 Want, Imagine, Learn, Declare의 앞 글자를 조합한 것으로 WANT: 내가 하고 싶은 일을 원하고 좇는 삶, 가슴이 뛰는 삶, IMAGINE: 목표가 이루어졌을 때를 상상하는 즐거움, LEARN: 배움의 자세, DECLARE: 꿈을 이루기 위해 빠른 시일 내에 실현 가능한 단계적 목표를 세워 실천의 족쇄로서의 선언이다. 저자가 제시하는 실제 사례들과 제안들처럼 WILD하게 살다 보면 인생을 주도적으로 개척해 나가는 방법을 터득하게 될 것이며 일상을 소중하게 생각하고 내가 가진 것에 감사해하고 있는 자신을 발견하게 될 것이다.

전 세계 2억 부 이상 판매!
1943년 초판본 완결본,
프랑스·영어권 분석 완결판!

어린 왕자
앙투안 드 생텍쥐페리 지음 | 유광선·장비안 옮김 | 국판
값 13,800원

'어린 왕자'는 1943년 4월, 앙투안 드 생텍쥐페리가 직접 그린 삽화를 담아, 프랑스어판과 미국판이 동시에 출간되었고 이제까지 250여 국 이상에서 번역되어 약 2억 부 이상이 판매되었다.
이번에 와일드북에서 출간된 '어린 왕자'는 1943년에 출간된 초판본을 역자들이 영어판과 프랑스어판 원서로 비교, 분석하고 저자의 의도를 충분히 살려 완결판을 내게 되었다. 그리하여 프랑스 문학의 섬세하고 부드러운 문체와 영미문학의 정확하고 예리한 문학적 통찰을 통하여 생텍쥐페리의 진솔한 문체에 다가서려고 하였다. 따라서 문장과 문맥, 어휘는 물론 단어 하나하나에도 특별히 신경을 써서 다루었기에 성인은 물론 세대를 아우르며 이해하고 생각하며 읽을 수 있도록 번역 편집하였고, 저자가 그린 삽화는 국내 유명 화가가 다시 그려 그 색채와 명암을 잘 살리도록 했다.